SHANGHAI BUND

宋路霞作品

上海滩名门闺秀

上海科学技术文献出版社
Shanghai Scientific and Technological Literature Press

图书在版编目（CIP）数据

上海滩名门闺秀.贰/宋路霞著.—上海：上海科学技术文献出版社，2016
（宋路霞作品）
ISBN 978-7-5439-7066-3

Ⅰ.①上… Ⅱ.①宋… Ⅲ.①女性—名人—生平事迹—上海市—现代 Ⅳ.①K828.5

中国版本图书馆CIP数据核字（2016）第200758号

责任编辑：孙　嘉
封面设计：有滋有味（北京）

丛书名：宋路霞作品
书　　名：上海滩名门闺秀（贰）
宋路霞　著
出版发行：上海科学技术文献出版社
地　　址：上海市长乐路746号
邮政编码：200040
经　　销：全国新华书店
印　　刷：常熟市人民印刷有限公司
开　　本：720×1000　1/16
印　　张：13.75
字　　数：166 000
版　　次：2016年10月第1版　2016年10月第1次印刷
书　　号：ISBN 978-7-5439-7066-3
定　　价：32.00元
http://www.sstlp.com

海派的优雅

海派的风华

海派的新女性

上海滩绝版的

旧忆珍影

名门之花在艰危时势中盛开

赵丽宏

上海滩乃藏龙卧虎之地。一个多世纪以来，多少名门望族在黄浦江畔风云际会，粉墨登场，上演了一幕幕人间悲喜剧。在波涛汹涌的时代大潮中，这些家族沉浮跌宕，有的厚积薄发，乱中崛起；有的汪洋失舵、折樯断桅。世事的风云变幻，让人无法预料。多少显赫一时的大家族乐极生悲，盛极而衰，他们的后代，大多有着非同寻常的经历，时代的烙印，在他们身上格外鲜明，其中的哀伤喜乐，大起大落，以及生离死别的故事，令世人唏嘘。

名门之后，其实也是平常人。他们中的佼佼者，并非依仗家族门第的护佑提携，而是靠自己的奋斗探求赢得社会的尊敬。尤其是其中的很多女性，坚忍顽强，百折不挠，在不同的领域展现才华，取得成就。《上海滩名门闺秀》，其主角就是这类名门后代。书中写了上海滩十位名媛闺秀的真实故事，她们出生于官宦巨贾之家，人生的经历却非一马平川。她们走过了不同的时代，历尽人间的荣辱悲欢，她们的人生，也许比小说家虚构的故事更曲折动人。读者在这些人物的真实经历中，可以感受时代的沧桑变化，也可以窥见人世汪洋的波光诡谲。正如本书作者所言："某种程度上，她们也是上海女性的杰出代表，是百年上海滩不可多得、不可复制、不可再生的一道精彩华章，尽管多年来，她们一再地被曲解。从她们身上，人们或许还能体味到，百年上海滩多元生活的无限魅力。"

本书作者宋路霞，是上海文坛一位勤奋多产的女作家。这几年，她的创作题材大多反映上海的历史,她写的上海各界历史人物的纪实散文作品,受到很多读者的关注和喜爱。读者喜欢读她的作品,一是因为对上海这座城市的历史感兴趣,对这座城市中曾经风云一时的名门望族和精英人物感兴趣,二是欣赏她的文笔,欣赏她对历史的严谨态度。写历史纪实题材的作品,不是一件轻松的事情,需要作大量的采访,需要做研读历史,查阅资料,核对史实的功课。其中的繁琐和辛苦,旁人难以体会,若不是有求真探实的耐心,有坚持不懈的毅力,恐怕难以胜任。而宋路霞恰具备这样的耐心和毅力。在写作上,宋路霞也表现出驾驭历史题材的能力,她的文字朴实无华却蕴涵真情,她以平静的姿态叙述波澜起伏的故事,将历史的波澜引入笔端,娓娓道来,引人入胜。

宋路霞是我大学时代的同学,三十多年前她在华东师大文史楼上大课时求知若渴的样子犹在眼前。记得那时她就爱好写作,给我看过她的诗和散文。我毕业后,她留在大学编校报,在写作上似乎沉寂过一段时间,现在看来,她从来没有放弃过自己的爱好,一直在准备,在积累,在做功课,终于厚积而喷发。这几年,看到她新作迭出,在历史题材的写作领域独树一帜,成为受读者喜爱的作家,作为老同学,我真心为她高兴。

(作者是著名作家,现为上海作家协会副主席)

序言（赵丽宏）

第一章

袁世凯的长孙女
袁家第

- 袁家大少爷娶了吴大澂的六小姐 002
- 母亲和婆婆是亲姐妹 005
- 上得厅堂，下得厨房 007
- 震惊全国的"费巩事件" 010
- 挺身而出作担保 014
- 特殊身份的居委会干部 016
- 烈士家属，究竟该不该抄家 020
- 陪嫁的古董又回到了中南海 022
- 青绿山水慰平生 024

第二章

席家花园的四小姐
席与明

- 一个历史久远的显赫家族 028
- 席家花园的双胞胎 030
- 意外的"混乱"与姐妹分手 033
- 刚到美国就成了断线的风筝 037
- 刘家花园的漂亮媳妇 039
- 独自带团往返中国二十八次 041
- 八十八岁高龄向钢琴十级冲刺 046

第三章

严筱舫的孙女
严莲韵

- 塘沽路上的严家大宅门 052
- 如花似玉的严家三姐妹 054
- 从金陵女大到乡村女教师 059
- 从严家大宅门嫁到徐氏大宅门 062
- 上海女青年会的有心人 066
- 十年浩劫中的"蜗居"岁月 067
- 一个世纪"厚生"理想的光辉 070

第四章

顾维钧的女儿 顾菊珍

- 不无寂寥的童年生活 076
- 一不留神又"撞上"了豪门 078
- 联合国女权运动的领导者 082
- 为父亲,也是为中国的外交史 085
- 钱英英:妈咪的那么多旗袍怎么办 088

第五章

朱其诏的曾孙女 朱章绣

- 十个月就没了娘的宝贝疙瘩 092
- 解放初捐献国宝楚王鼎 096
- 新时期的新任务:联系袁家骝夫妇 097
- 十年浩劫中的不堪岁月 101
- 接待袁家骝、吴健雄夫妇的日子 104
- 至今仍惦记着那把金抹子 109

第六章

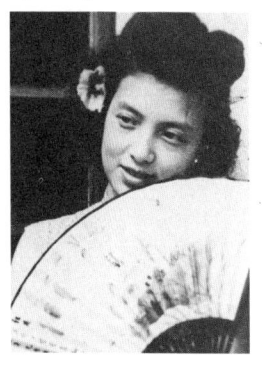

任道镕的曾孙女
任永恭

- 宜兴任家的老人老事 *114*
- 聂氏家族的孙媳妇 *118*
- 姐弟俩都是锦江饭店的元老 *121*
- 梅兰芳先生的入门弟子 *125*

第七章

刘秉璋的曾孙女
刘德曾

- 百来年名人辈出的大家族 *130*
- 朝气蓬勃的学生时代 *132*
- 激情燃烧的岁月 *137*
- 大风大浪中的磨难与爱情 *140*
- "潘杨冤案"带来的如磐重负 *142*
- 风雨之中不低头 *144*
- 雨过天晴获新生 *147*

第八章

张静江的女儿
张芸英

- "肥皂箱上的演说家" *150*
- 自然天成的家族艺术氛围 *154*
- 把国舅宋子文晾在一边 *156*
- 小家庭遇到大风雨 *158*
- 高级人才的低级困惑 *159*
- "只要两间、不要三间"的原则 *162*

第九章

吴调卿的孙女
吴佩珠

- 吴家大院的老人老事 *166*
- "汇丰吴"家的一群阳光女孩 *168*
- 曾在李约瑟先生手下工作 *171*
- 他们总是问：你为什么要回上海 *173*
- 突然间成了反革命 *176*
- "山连山"：南湖农场的风雨岁月 *178*
- 难忘的一九七二：哥哥来信了 *182*
- 幸福晚年：七十四岁黄昏恋 *184*

第十章

状元之后
王汉伦

- 苏州旗杆彭的六世孙 *188*
- 封建大家庭的反叛者 *190*
- 一不留神成了电影明星 *192*
- 令人郁闷的南洋之行 *196*
- 把长城画片公司告上法庭 *197*
- 汉伦影片公司与《盲目的爱情》 *199*
- 老演员碰上了新问题 *200*

代跋（宋路霞）

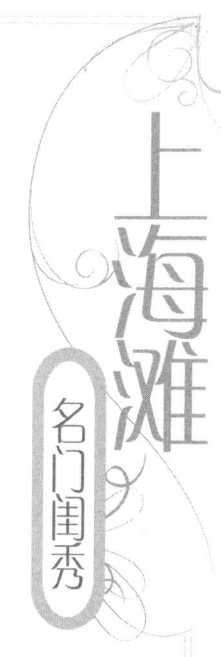

第一章
袁世凯的长孙女袁家第

- 袁家大少爷娶了吴大澂的六小姐
- 母亲和婆婆是亲姐妹
- 上得厅堂，下得厨房
- 震惊全国的『费巩事件』
- 挺身而出作担保
- 特殊身份的居委会干部
- 烈士家属，究竟该不该抄家
- 陪嫁的古董又回到了中南海
- 青绿山水慰平生

袁家大少爷娶了吴大澂的六小姐

袁家第(1903—1989,又名袁慧泉),是袁世凯嫡出的长孙女,父亲是袁世凯的大儿子袁克定,母亲是晚清湖南巡抚、著名书法家、金石学家吴大澂的六小姐吴本娴。

袁家与吴家,一家在河南项城,一家在江苏苏州。袁克定与吴本娴原本不认识,完全是两家老太爷做的主,他们有官场上的利益,就用传统的豪门联姻的方式来巩固。袁克定早年留学德国,喝过不少洋墨水,精通德文和英文,但他对外国的东西不感兴趣,只对中国的政治感兴趣。袁世凯在朝鲜、山东、天津、北京做官时,他都随侍在侧。他平时不抽烟,不喝酒,不赌博(外面传说他逛妓院、逛舞场,全是瞎

袁世凯与他的儿孙,后排右四袁克定

第一章 袁世凯的长孙女袁家第

传)。吴本娴是姑苏城里的大家闺秀,平时大门不出,二门不迈,对政治很少关注,只对五颜六色的绣线和绣花感兴趣,有一手绣花的好本事,对北方的气候和生活环境不甚习惯。所以这桩婚姻对两位当事人来说,并非那么舒服。

但是,这却是吴大澂晚年最后一件心事,因为这位六小姐吴本娴忠厚又老实,耳朵还失聪,必须找一个靠得住的婆家才行,否则要受人欺负。1901年,正是袁世凯继李鸿章之后,荣登直隶总督兼北洋大臣宝座的时候,袁府喜上加喜,长子娶亲,宾客盈门,吴家六小姐花轿北上,自是大红大紫,排场空前。这个女儿的婚事搞定了,吴老太爷才放心地闭了眼。

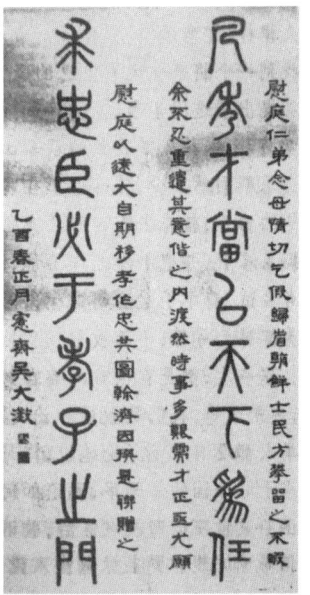
吴大澂书赠袁世凯联

然而袁家觉得还有点问题,因袁克定属虎,吴本娴属龙,旧时说法龙虎斗是相克的,于是就得找一位属鸡的来"牵一牵"。吴家小姐进门不到一个月,就有一个叫马彩云的姑娘当了袁克定的姨太太。1902年,马彩云先生了一名女婴,取名袁家锦。1903年,袁家第出生在天津袁府。辛亥革命之后,在袁世凯当上民国大总统的时候,全家跟着到了北京,住进中南海,但也常回天津小住。

说起来袁世凯是袁家第的亲祖父,其实袁府的小孩

袁家第的父亲袁克定

天津袁宅

子一年才能见到他一次,就是在过年的时候。大年初一是祭祖、磕头的日子,祭完了祖,小孩子就得排好队一个个向长辈们磕头,当然首先是给祖父磕头,男的优先,女的在后。袁家第姐妹俩在孙辈中最年长,总是排在其他女孩子的前面。祖父在这时显得并不像照片上那样威严,而是十分和蔼可亲的样子。过年时多磕点头总是划算的,可以拿到不少红包。

在袁家第十三岁的时候,袁世凯作了八十三天皇帝梦终于"驾崩",她跟随父母回河南老家住了三年。袁世凯的儿女们分家后,袁克定一家于1919年又回到天津。袁克定的生母于氏过世后,他带全家搬回北平,住在宝钞胡同。袁家第的母亲吴本娴1939年就在那儿去世。

袁家第小时候在天津袁府里读私塾,同时跟母亲学刺绣和贴花(把布艺花样缝到合适的衣服上)。袁家的私塾规模很不一般,一同读书的孩子很多,因为袁世凯有

第一章　袁世凯的长孙女袁家第

十七个儿子,十五个女儿,袁家第的十三姑和十四姑都比她年龄小,还有几个叔叔年龄也都比她小,另外袁世凯的孙辈有四十七个(袁家第还有一个庶出的弟弟,也是马彩云所生),这还不包括外孙辈,所以私塾生活并不感到寂寞。

袁家私塾要学的内容很多,除了国文、历史、数学,还要读英文、法文、书法、绘画、钢琴等,绘画课还分中国画与西洋画。袁家第最喜欢书法、中国画和古典文学,在十三岁时就能写一手漂亮的毛笔字了,绘画在名师的指点下也日有长进。她擅长山水和花卉,房间里常年放着一张大画桌和一个收藏画件的大橱柜。书画的爱好她一直保持到"文化大革命"前,这从她晚年留下的书法和绘画作品上可以看得很清楚。

母亲和婆婆是亲姐妹

袁家第的小姨妈吴本静比她的母亲吴本娴小三岁,排行老七,是吴大澂最小的女儿(吴大澂原本一儿六女,儿子不幸早夭,所以过继了吴湖帆为子),嫁给苏州城里著名的书香门第费家。她们同父同母,但是性格脾气绝不相同,一个敦厚老实,性格内向,不多说话;一个机灵活泼,遇事果断,说一不二。但姐妹俩感情非常好,虽然一个远嫁北京,一个仍在苏州,相隔几千里,她们一有机会就带了孩子来回走动。

青年袁家第

青年费巩

吴本静生了三儿一女,老大费福焘,老二费福熊(后改名费巩,字香曾),老三是女儿费令宜(1943年去美国),老四费福煦。其中老二费巩最讨大人喜欢,不仅在学校里功课很好,人品也好,为人很正直、厚道。吴本娴非常喜欢这个外甥,到了男大当婚、女大当嫁的时候,就向妹妹提出,想把自己唯一的女儿袁家第许配给亲外甥费巩。吴本静也很喜欢自己的外甥女,于是一拍即合。袁家第与费巩是表姐弟(差两岁),从小一起玩,两小无闲猜,大人们一说合,他们也不反对,于是袁家第的小姨妈转眼变成了婆婆。当年袁家第的妈妈从苏州远嫁北京,这回袁家第又从北京嫁回苏州,两家自是皆大欢喜。

苏州费家也是大户人家,他们的吴江支始祖费士寅是南宋嘉泰朝的参知政事(相当于副宰相),后代中出了很多学政和翰林,世称书香门第。第二十一世老太爷费树蔚(字仲深,号韦斋,即费巩的父亲),为人正直,辛亥革命后曾任肃政厅肃政史。袁世凯想称帝时,费树蔚认为危及国本,念及两家有亲戚关系,曾亲自赶赴北平劝阻,未成,一气之下拂衣而归,辞去官职,隐居故乡,是苏州的知名绅士。他自小擅长作诗,有神童之誉,一生作诗三千余首,有《费韦斋集》四卷传世。他虽然只比柳亚子大三岁,但是柳亚子的舅舅,从小一起玩,有共同的诗文爱好。吴大澂就是因为欣赏他的文采,才把小女儿吴本静许配给他的。

1925年,苏州费家要迎娶袁世凯的孙女作媳妇了,这在当地可是件不得了的事情。费树蔚为长子与二子的婚事,张罗着买新房(原先住在混堂巷长庆里),挑来拣去，最后看中了桃花坞大街76号的大宅院，据说这是当年唐伯虎的老宅子，宅子后面有很大的花园（解放以后政府在里面办起了新华小学）。费家买下后，大加整修，还买来世间稀有的巨型灵璧石置于花园的梦墨亭中（解放后被移往苏州网师院），使小桥流水、亭台楼阁，更有灵气。这是费家卖了不少田才盘下的，在这个很文学、很书卷、很典故、很气派的地方操办了两个儿子的婚事。

费巩的父亲费仲深

袁家第还是袁府唯一嫡出的孙女。虽说此时老袁去世已近十年，但瘦死的骆驼比马大，出嫁时的场面绝对令路人瞠目。据文献记载，"费家迎娶袁克定之女，嫁妆陈满五间屋，中西绫罗，珠翠炫目，座间宫灯刻丝成云龙，灯架亦雕龙首，桃花坞费家名动一时。"（《苏州名门望族》）。吴本娴更是拿出自己的很多私蓄，包括一部分自己出嫁时的嫁妆给了女儿，唯恐不够多。据说她的嫁妆从北京运抵苏州火车站时，抬嫁妆的队伍浩浩荡荡，从"拙政园一直绵延到桃花坞……那年是1925年，袁家第22岁。婚后，袁家第改名为袁慧泉。

上得厅堂，下得厨房

他们这对夫妻虽然不是自由恋爱成亲，但始终非常恩爱，因为彼此知根知底，相敬如宾。照理说，袁家大孙女嘛，娘家有钱有势，还带了五间屋子的嫁妆到婆家，不仅是娘家的掌上明珠，也是婆家的摇钱树，该是骄横跋扈、目空一切的主儿。可事实不然，袁慧泉在母亲的影响下，知书达理，很有教养，不骄不躁，继承了传统中国妇女的美

袁家第与小女儿费莹如在北京袁府

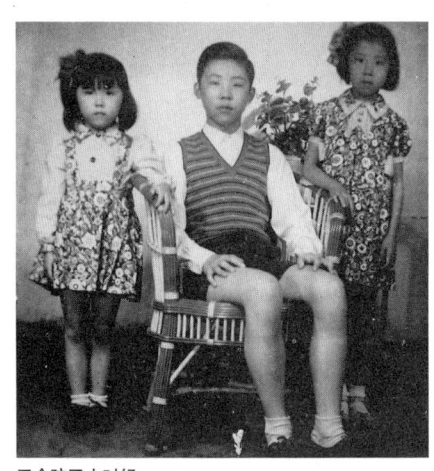

三个孩子小时候

德,相夫教子,孝敬老人,贤惠得出了名。

他们结婚时费巩还在上海复旦大学社会科学系念书,他们利用学校寒假在苏州办完婚事,之后新郎官仍回沪读书,新娘子则在费家陪伴婆婆。婆婆的脾气一点也不像袁家第的母亲,她是家里的"太上皇",谁都必须听她的,但老人家虽然威严,却有理有节,家人都很敬重她,袁慧泉更是孝顺有加,百事顺随。袁慧泉希望家中老小永远和睦,不愿听到家里的不和谐音,所以家务事总是听老人的。婆婆有哮喘病,一旦发起病来非常痛苦,袁慧泉总是耐心地陪在旁边,没有一点袁家小姐的架子。

1927年费巩复旦大学毕业后,为了进一步深造,想出国留学,可是那时费家已经开始家道中落,拿不出足够的钱来,因为公公费韦斋是个地道的读书人,不会打理产业,正在逐年变卖祖传的两千亩地。袁慧泉见此情况,立即拿出一把首饰交到丈夫手上,补其川资不足。在她看来,留学是大事情,事关丈夫的前途,她

袁家第、费巩夫妇与孩子在杭州西湖

在大事情上总是头脑清楚的。于是费巩得以成行，1928年先到法国，后又转入英国牛津大学，研读政治经济学，于1931年毕业回国。回国后先是在中国公学任教，继而在复旦大学讲授中国的政治制度。从1933年起，在浙江大学任副教授、教授，讲授政治经济学和西洋史，全家随之搬到了西子湖畔，直到抗战爆发。

1935年，她公公在苏州去世了，按说婆婆可以跟大儿子一家一起生活，但是老太太喜欢二儿媳妇贤惠，宁可离开苏州老家跟老二家住在一起（大儿子每月贴补一些生活费）。婆婆是吴大澂最小的女儿，从小最受宠，生活上非常讲究，吃饭常常要亲自点菜，有时自己还要加菜。她明明是小脚，但是城市里时兴穿皮鞋，她也要穿皮鞋，常常亲自到上海蓝棠皮鞋店为之定制……这些地方与袁慧泉的母亲完全不同，但是袁慧泉从不为难老人，总是设法让老人高兴，而且每天傍晚和晚上总是到婆婆房间里陪伴老人，

直到老人睡下。她们在一起共同生活了三十年，婆媳间从来没有一句闲话。

这期间，他们夫妇先后有了四个孩子，二男二女，最聪明懂事的二儿子五岁时因病夭折，剩下三兄妹——费瀼若、费川如、费莹如。夫妇俩一个埋头教书，一个相夫教子，一家三代，其乐融融。这大概是他们最美好的一段生活。

震惊全国的"费巩事件"

谁知好景不长。1937年抗战爆发，大家都在逃难，他们一家逃到上海。费巩把一家老小安顿在静安寺路（现南京西路）的沧州别墅150号（一栋联体别墅的二楼），自己又返回学校；1938年，他追随浙江大学西迁的大队人马辗转到广西宜山，最后到达贵州遵义。上海这头一家老小的生活重担，就落到了袁慧泉一个人身上。

抗战期间交通不便，一封信要走很长时间，汇款就更不方便。费巩要把每月工资寄回家，袁慧泉怕路上不安全就劝他不要寄，何况她知道，费巩常常资助生活有困难的教师和学生，在学校里是有名的"学生之母"（他资助学生的八百五十盏油灯被誉为"费巩灯"），身边并没有多少钱。于是从抗战爆发开始，要维持一家老小的生活，袁慧泉就只能是"吃嫁妆"——陆续把从娘家带来的东西卖卖当当，养家糊口。先是卖细软，后来卖古董和首饰。但是，袁慧泉怎么也没想到，这样卖

1938年袁家第回北京看望母亲

卖当当的日子居然过了十二年。

费巩非常牵挂家人，去内地后曾于1941年夏天回沪探亲，1942年年底又返回遵义。费巩在上海的一年半，给全家带来了无比的欢乐，也是袁慧泉眉开眼笑的一段美好时光。他们的小女儿费莹如如今痛苦地回忆说，这是她懂事后享受父爱的仅有的一年半。费巩临走前生怕妻子寂寞，特地为袁慧泉安排每天的作业，包括朗读古文、练书法、作画等。费莹如至今记忆犹新，每天早晨总会听到母

中年费巩

亲琅琅读书声；接着就是练习书法，这是上午的课程；午睡后开始作画。这样的作业她坚持了二十多年。

战争年代，远在天边的亲人能回家欢聚，这几乎是一种不切实际的奢望，全家的高兴劲可想而知。这期间，许多亲友劝他不要回内地了，内地太苦，路上又不安全，不少人建议他就留在上海找份工作。可是费巩不干，他认为在这民族危亡的关头，天下兴亡，匹夫有责，自己的岗位在遵义，在这个时候留在上海不合自己的心志，同时竺可桢校长也有信催其返校，于是决定重返大后方。凭费家的社会背景，在上海找工作并不难，早在他从英国留学归来时，他大哥在上海已托人给他找到一份好工作，但他谢绝了。他不愿在腐败政府里任职，也不愿经商，他立志走教育救国之路。

袁慧泉起初对丈夫的决定很不理解，觉得眼下天下大乱，全家人好不容易能团聚了，为什么又要扔下一家老小，天各一方？但是袁慧泉毕竟是大家闺秀，大事情从来不糊涂的，经过丈夫的一再解释，她渐渐理解了丈夫的胸怀，终于支持了丈夫的决定。费巩有二则日记很能说明问题：一则日记写道："接慧书，对吾不愿做官之事已想通，见

之大喜也"；另有一则日记写道："续接慧书，识见胸襟均有进步，余尤喜其'邦无道，富且贵，耻也'之语，驾吾誉为有才有德，有福有此贤妻也。"（驾吾系费巩挚友，浙大国文教授）夫妇俩又开始了相隔千里，鱼雁往还的生活。

可是，丈夫此一走竟成了永别！

袁慧泉的小女儿费莹如女士至今记得很清楚，抗战胜利时，他们全家天天都在翘首盼望父亲回来，因为看见别的亲朋好友家不断有人从大后方回来，可是她们一等再等，半年时间过去了，总是不见父亲回来，也没有信来。

他们到处打听父亲的消息，终于有一天，费莹如和姐姐费川如放学回家后，看到了惊人的一幕——两位亲友脸色沉重地坐在桌边，而母亲已经哭得像个泪人……小姐妹俩惊呆了，她们从来没有看到母亲哭过，而且哭得悲痛欲绝，后来才知道是父亲出事了。

原来，费巩是位非常正直的知识分子，性格非常直爽，一向敢说敢干，多年来一直支持和参与进步学生运动，早就引起了国民党特务的忌恨。早在1935年"一二·九"运动时，他就支持进步学生的抗日救亡活动，为保护胡乔木等浙大的进步学生，他勇敢地站出来与当局抗争。抗战爆发后在大后方，他出任浙江大学的训导长时，更是深受广大师生的爱戴。他倡议的《生活壁报》成为进步学生合法斗争的阵地。他曾营救九位（四批）进步学生逃脱国民党军警的追捕。1943至1944年，他连续撰文和发表演讲，抨击国民党的腐败统治，要求废止国民党一党专政，赞成中国共产党提出的成立联合政府的主张，还多次公开演讲，声明自己的政治主张。1945年2月，他毅然在著名的重庆文化界的《对时局进言》上签字，表明了自己的政治立场。为了揭露国民党政府的腐败，他还广泛调查国民党官员的腐败行径，这样一来，更成

第一章 >> 袁世凯的长孙女袁家第

袁家第与两个孩子

了特务分子的眼中钉。1945年3月5日凌晨，费巩应复旦大学之邀前去讲学，在路上——重庆千厮门码头（现朝天门码头）不幸遭到国民党特务的绑架，不久被秘密杀害，并毁尸灭迹。

这就是当时轰动大西南的"费巩事件"。

对于这起卑鄙的绑架案，国民党方面一直封锁消息，所有关于"费巩教授失踪"的报道和呼吁，一律遭到封杀，直到两个月后，内地的报纸才出现了重庆卫戍司令部王赞绪总司令透露的"费巩下落"的消息，引起社会舆论更大的浪潮，重庆社会各界纷纷出面营救。延安的《解放日报》、英文的《大美晚报》均就此案发表文章，各界进步人士如浙大校长竺可桢、著名人士黄炎培（费巩的表兄弟）、柳亚子及浙大的进步学生们，不断地呼吁和奔走营救,包括费巩的哥哥费福焘,得知消息后特地从昆明赶来重庆,想尽办法进行营救。在渝四十多位留美教授,联名写信给驻华美军总司令魏德迈,要求他出面营救费巩。1946年1月,周恩来代表中国共产党在国共两党政治协商会议上提出"要求释放叶挺、廖承志、张学良、杨虎城、费巩"。 整个大西南,无人不知这个事件……唯独袁慧泉和家人们不知道这一切,因为他们在上海,内地的报纸看不到,消息很不灵通,同时,知情的亲友们谁也不忍心把这个噩耗传给她们,因为这对于她们来说,无疑实在是太残忍了,一直到实在无法再隐瞒下去了,才不得不说了出来。

他们夫妻感情一直很好,无论大事小事,二十年来一向是夫唱妇随……眼前这个打击如五雷轰顶,生不能见人,死不能见尸,千呼万唤终成空,一切苦难都由她一个人来承担,家里还有老的要瞻养,孩子都还未长成人……此后的日子怎么办?

在灾难面前,袁慧泉再次表现了特有的大家风范,她冷静地面对了这一切。眼前最现实的问题是,她从此必须克勤克俭地过日子,她不知今后还会发生什么事情,因为娘家的陪嫁再多也是有限的,她不知这样卖卖当当的日子什么时候才是头,必须细水长流才行。她曾不无凄楚地对两个女儿讲,看起来,她只能培养她们的哥哥读大学了,"你们两个,读到中学毕业就行了吧。"女儿们知道,妈妈很想供她们读大学,但是此时家中光景,的确是一年不如一年了。

➤ 挺身而出作担保

丈夫的无辜被害,对袁慧泉来说,客观上促进了她政治上的觉醒。她坚信丈夫的品德和学识都堪称优秀,一直都是受到师生们拥戴的,这样的人,只有见不得人的黑暗势力才感到畏惧，以至于致其于死地。看来政治上的事情，你不管它，它还是要来管你的。她没有被黑暗势力所吓倒，反而更加接近了进步群体。

在临近解放的日子里，国民党特务在上海的活动越发猖獗。她家对门有家汤医生，平时邻里关系挺好，袁慧泉的孩子有了小毛小病，都是汤医生给看的。汤医生的大儿子汤国强（后改名汤兴伯）在圣约翰大学读书时参加了中共地下党，在学校和社会上组织学生运动，被国民党特务盯上了。袁慧泉知道这家人家正直，与之走动挺勤，关于汤家大儿子的事情，她略有所闻，并不知道详情，更不知道他是中共地下党员。

有一天一帮警察来汤家抓人，汤国强得到消息纵身从屋顶翻墙头逃走了，但是特务们抓不到人不算完，逼着他父母亲交人出来，否则就呆在汤家不走人，等他儿子回来，除非有人出来担保才行。在这种人命关天的危机时刻，世人人人自危，有谁敢出来为一个共产党员作担保呢？那不是又招惹杀身之祸了吗？汤医生夫妇救儿子要紧，想来想去想到了袁慧泉，认为她虽是位女性，但是最仗义，或许肯出来帮忙。果然，袁慧泉听了二话没说，毅然答应了，面对警察，她从容地立下字据，警察这才离去了。她那关键时刻大义凛然、一脸镇静的气度，把汤家人深深地感动了。

黄炎培书赠袁家第

若干年后，汤家人一直念及袁慧泉的恩情。解放后，已经是外交部高级官员的汤兴伯说："费家姆妈，我的一条命是您救的，您是我的救命恩人。"有空来沪时总是来看望费家姆妈，袁慧泉总是淡淡地笑笑："没什么，这是应该的。"

1989年袁慧泉去世时，汤兴伯同志还专程赶来参加了追悼会。

长期以来与袁慧泉一家共患难的还有两个老佣人，一个是她大女儿的奶妈，自做奶娘起，就一直留在她家帮佣。另一个是从北京带来的女佣刘干。刘干原是袁世凯的九姨太的贴身侍女，由于丈夫是个坏男人，吃喝嫖赌，败家子一个，竟然把女儿卖掉了，还整天来纠缠她，大家都很可怜她，劝她赶快逃走。适逢袁慧泉1938年因母亲生病到了北京，1939年母亲吴本娴去世后，她要回沪，临走时就把刘干带来上海，帮她带小女儿，从此她们亲如姐妹，在一起生活了几十年。刘干活到九十岁，袁慧泉为其送终，还开了追悼会，为她落葬，并在每年清明时节，总要叮嘱小女儿去苏州为刘干上坟。袁慧泉在这个女人世界里，带着全家老小一直熬到全国解放。

❧ 特殊身份的居委会干部

解放后，周总理非常惦记袁慧泉一家，1950年派专人到家中慰问，并作出决定，给予教授待遇的优抚金，每月一百五十元。这给袁慧泉带来极大的精神安慰，不仅一家生活有了保障，不用紧紧巴巴地过日子了，孩子们都可以上大学了，而且她作为烈士的遗孀，政治上也获得了肯定，她开始露出了久违了的笑容。

她觉得自己不能白拿国家的钱，强烈的报恩思想，使她走出了家门，走上社会，主动要求出来做居委会的工作，她要以自己出色的工作来报答政府的关怀。于

第一章 >> 袁世凯的长孙女袁家第

五十年代袁家第与儿女在上海

是,她这个特殊身份的大家闺秀,一方面是袁世凯的孙女,另一方面还是烈士遗孀,成了静安区街道里弄的干部、妇联主任、居委会副主任,整天活动在居民中,不是带领大家搞公共卫生、发动居民为抗美援朝捐款捐物,就是忙于调解邻里纠纷,还要常常开会听报告、传达上级指示,常常忙得连饭都顾不上吃,有一次甚至昏倒在演讲台上。她那积极认真工作的样子,人家还以为她是党员呢。

从1950年到1966年"文革"爆发之前,这是一段朝气蓬勃的崭新生活,袁慧泉像是换了一个人。其实她过去在家里除了绣花和缝纫,是从来不做家务活儿的(孩子的裤子膝盖磨出了洞,她会绣一朵花缝补上去,手艺巧得很),也从来没有做过社会工作,现在走出家门一上任,居然令人眼前一亮——她走上讲台能宣传鼓动,调解矛盾也能讲得

五十年代全家福

头头是道，对待任何人都和蔼可亲。街坊邻居都知道她是袁世凯的孙女，没有上过正式的学堂，想不到她竟如此能说能干，无不对她刮目相看。其实世人不知道，她当年在袁家私塾里学的东西，并不比正式学堂少多少。

她家住的弄堂有二百多号，每一号里又有好几家人家，总共有几百户人家，都在她的"管辖范围"。居民们把她当成可亲可靠的大姐，有了困难和想法都愿意跟她聊，因为她总在关心着周围的每一家人，无论是住公寓楼的有钱人，还是住汽车间的贫苦人，她一律一视同仁。她家有瓶祖传的黑药膏，谁家的孩子生了疮、热疖子，拿去一抹就好。她家孩子们穿下来的衣服，就送给里弄里的小孩子穿。婆婆1965年去世以后，婆婆的小脚皮鞋也穿在了汽车间大娘的脚上……她两次当选为静安区人民代表，总想着为大家办实事，在里弄里是有口皆碑的。

进入新社会，袁慧泉由衷地拥护社会主义，拥护共产党的领导，相信组织上的决定，在孩子们大学毕业分配的问题上，也一贯服从组织分配，从不提自己的要求。1953年大女儿费川如在上海财经学院毕业了，由于全国建设高潮的需要，毕业生要全国分配。那时的女大学生大都是家境比较好的小姐，一听说要去外地都吓坏了，有的赶紧谈朋友结婚，有的托人走后门，力求留在上海。袁慧泉则坦然面对。学校很钦佩，把她请到学校毕业生大会上讲演，只见她手里拿着把大蒲扇，一扇一扇地上了台，不紧不慢，一板一眼地表述了自己对儿女前途的看法，赢得了全场热烈的掌声，人家听了还以为她是共产党的老干部呢。

1955年，小女儿费莹如也大学毕业了，她读同济大学。她毅然在毕业分配表格上写下"坚决服从统一分配"，但组织上考虑到她的哥哥姐姐都分配在北方了，决定安排她留在上海市政工程设计院（原名"上海给水排水设计院"）工作，可以照顾家庭。第二年建工部要在兰州成立分院，北京总院去八个人，上海设计院要去一半人。原定要去兰州的一个人因故不能前去了，组织上问费莹如愿意不愿意去，并说，你先不要表态，回家征求一下你母亲的意见。袁慧泉一听说是去开发建设大西北，立马表示同意。

去火车站欢送的时候还要有趣，上海去三十个人作为先驱部队，这些人的亲友们都来送行。别人家哭哭啼啼，难舍难分，一片沉闷气氛，而费莹如这边，前来送行的是祖母、母亲和大伯母，只见她们三个老人高高兴兴，有说有笑，一人手里一根冰棍儿。火车开动时，她们就挥动着冰棍儿跟她再见……（由于兰州方面条件还不成熟，兰州分院撤消，这一批人于半年后又返回上海）

可惜这样纯情的火热生活没有维持多久。

烈士家属，究竟该不该抄家

1966年"文革"爆发时，袁慧泉通过广播和报纸，已经预感到这次运动来势凶猛，自己的家庭出身，迟早要作为问题提出来的，但仍抱有侥幸心理：丈夫是烈士，不一定会来抄吧。她们住的沧州别墅，百分之八十的人家被抄；五栋新式公寓里的人家，家家被抄。事实上情况比她预想的还要糟，她家不仅两次被抄，而且抄得挖墙挖地，周总理批示的优抚金也被停发了。生活上虽有儿女们赡养，并可变卖一些剩余物资，如红木家俱、貂皮大衣等，尚可度日，但政治上的压力给她带来巨大的困惑，好像她一夜之间又不是烈士遗孀了，仅剩下袁世凯的孙女一种身份。更痛苦的是，她担任的居委干部被停职，她喜爱的书法和国画成了"封、资、修"而不允许继续了，心中感到无比空虚、渺茫，失去了精神支柱，脸上也失去了笑容，她好像变了一个人似的，时常会呆呆地坐在沙发上，只有她最喜欢的两个外孙和外孙女在身边陪伴时才感到些许安慰。

那个年头的政治生活是千奇百怪的。最先前来抄家的是她小女儿的单位和别的单位。直接原因还不是袁家的历史问题，而是受亲戚的牵连和女婿家的历史问题。这就更加令她不解。

小女儿费莹如在单位里一直是积极分子，工作样样走在前头，何况是烈士子女，领导上也很重视培养，曾经准备发展她入党。可是到了此时，一切都颠倒了。"文革"初期的抄家还是由各科室党支部领导的，参加的都是造反派骨干和造反派中的积极分子，今天抄东家，明天抄西家。但在要不要抄小费家的问题上，科室党支部内部发生了分歧。支部委员数量理应都是单数的，遇事好少数服从多数，可是她所在科室的党支部不知道怎么搞的,只有四个委员,而四个委员中一分为二,两个人赞成抄家,另外两个人不赞成抄家。

赞成抄的理由是:她母亲是袁世凯的孙女,家中肯定有很多"四旧"和不义之财,应当抄。不赞成抄的主要理由也不含糊:小费家是烈士家属,是周总理有过批示的,出了问题谁负责?犯了错误怎么办?如果要抄,除非支部书记带队去抄,出了问题支部书记负责!正在争吵不休,保卫科科长走进来了,语出惊人,把大家吓了一跳,他说,小费家应当抄家,有两把手枪很可能就藏在她家,那枪不是袁家的,是小费的丈夫家的……大家"轰"地一声像是炸开了锅。那年头最怕说枪,一提起枪便是反革命无疑,抄家之事就这样通过了。

要说"枪的事情"也并非全无因由。费莹如1959年结婚,丈夫是常州人(武进),其父是反革命,解放初被镇压了。他的祖母临终时告诉他,有一把手枪藏在水井里。他回到上海就向组织上汇报了,结果无锡市公安局派人去井里抽水,水落枪出,果然有一支手枪。不过无锡公安局说:"据我们掌握的情况,应当有三支,另外两支不知藏在什么地方。"到了"文革"抄家时,正巧与袁慧泉同一里弄的一位亲戚家被抄,那亲戚的单位向市政设计院反映,很可能有东西窝藏在费家,设计院领导就结合"手枪"问题,就决定对袁慧泉家采取"革命行动"。

1966年9月4日,费莹如所在科室的支部书记带队,三十来人乘坐一辆卡车,兴师动众地来了。支部书记到了弄堂口下了车,并不进去,而是用弄堂口的公用电话遥控指挥。谁知五间房间每个角落都搜遍了,并没有发现手枪,也没发现费家亲戚的窝藏之物。支部书记就在电话中指示,把过道里的几级楼梯挖开,看看下面有没有。令他们失望的是, 楼梯下面被挖开了,但是里面没有枪!

➤ 陪嫁的古董又回到了中南海

既然找不到枪,那"四旧"还是要带走的。袁慧泉在造反派一进门就做好了准备,把家中祖上传下来的文物、字画及自己陪嫁的一个首饰箱,统统摆到桌子上。这支抄家队伍还是按规定做了登记的,可是他们连文物的名称、首饰的名称都搞不懂,不知道该怎么登记,于是袁慧泉就来教他们:这只钻戒是6.5克拉,那个钻戒是5.5克拉……这件青铜器是西周礼器,那个雕花的杯子是犀牛角的,有吴大澂的题款……那镇静的神情像是在数说别人的东西。

抄家的那帮子人还算有点礼貌,先抄袁慧泉的房间,抄完后请老太太先睡觉,他们再继续抄别的房间。袁慧泉镇静自如,觉得自己任务完成了,独自呼呼大睡,直至造反派要走了,小女儿把她叫醒,她才起来在抄家物资清单上签字,与众人告别……这种真正的宠辱不惊的大家风范,真不知是如何练就的!

这次抄家,造反派甚至把费巩烈士的遗物也带走了,那是一只灰色的铁皮箱子。费莹如不服气,第二天给单位工作组写信,说是父亲的遗物不是"四旧",应当归还我们,第二天就给要回来了。她第一次打开那只铁皮箱子,发现里面有十六本父亲的日记,六十余本著作,还有伯父剪贴的1945年至1946年有关父亲"失踪"问题的报纸等珍贵资料,她仔细阅读了两遍,第一次深入了解了自己的父亲,并开始着手书写追认父亲为烈士的报告。粉碎"四人帮"以后,在政府追认其父烈士身份以后,征得哥、姐的同意,她把这些文献共一百二十八件全部捐献给了龙华烈士陵园,其中"费巩烈士生前日记"一共十六本,经国家文物局审定为国家一级文物。

自然,绝大多数东西是要不回来了。有一天晚上她们在家看电视,电视上张春桥正在中南海宴请外宾,那圆桌中间一个一尺来高的精雕细缕的塔形调味盒,她们觉得那么眼熟。镜头拉近了,费莹如叫了起来:"这是我们家的!"其母袁慧泉也看到了,那确实是她们家的东西,她当年陪嫁中的一件,

老年袁家第

是件西洋古董,过去外国人进贡给清廷的,清廷又赏赐给了袁世凯。那调味盒的最下面是一圈小门,客人需要什么调味品,只要按一下某个小门旁边的按钮,小门就会自动打开,出来一个小孩,手上捧着你需要的调味品……是件像玩具一样可爱的极其精致的工艺品。这件原本来自中南海的西洋古董,阴差阳错,如今又回到了中南海,袁慧泉睹之不禁无限感慨。

粉碎"四人帮"以后归还抄家物资,东西的原件都找不到了。书画部分,任你到一个充满霉味的大仓库中挑拣,却找不到一件原物,只得按数挑一些回家就算了。费莹如对仓库工作人员说,祖母和外婆都是吴大澂的女儿,母亲床头常年挂着吴大澂的一张斗大的"寿"字,特征很明显,能不能找出来?工作人员说:"没有了,没有了,给你一张吴昌硕的算了!"至于金银首饰,据说都交到银行去了,混在一起更找不出了,不知根据什么,就折算了二万六千元钱算数了。十五件文物被上海市博物馆收藏,名义上算是自愿出让,给袁慧泉二千一百元打发走人。

在落实抄家物资政策中,袁慧泉在经济上损失很大,但她却能顾全大局,从未向有关部门提出过任何要求,坦然大度地面对这一切。

1979年袁家第与孩子们参加纪念费巩的活动

令她感到安慰的是,1978年9月,丈夫的沉冤得到昭雪,被追认为革命烈士,她的烈属优抚待遇得到恢复。在苏步青、王淦昌等三百余位浙大老校友的联名倡议下,经中共中央统战部批准,浙江大学于1979年10月30日,隆重召开了有一千五百余人参加的"费巩烈士纪念会",会上,费巩烈士生前好友及学生们感人泪下的发言,把她带到丈夫生前战斗的艰苦岁月,她再次流下了激动的泪水。1980年3月16日,费巩烈士的衣冠冢在龙华烈士陵园安放。8月,《费巩传》一书由三联书店正式出版。三个孩子都学有成就,各自成家立业。这些,都令她感到无限欣慰。

在春天又回到身边的时候,1989年,她安然归去了。

1940年代的浙江大学老校友为永久怀念恩师,集体募捐,于1997年浙大百年校庆时,在校园内建造了"费巩亭"。2005年费巩烈士一百周年诞辰之际,浙大党委召开了六百余人参加的纪念大会暨《费巩文集》首发式,同时举行了费巩铜像落成典礼。此时虽然袁慧泉已仙逝,九泉之下的她也定会感到欣慰的。

青绿山水慰平生

袁慧泉从小喜欢书法和绘画,结婚后很长一段时间还保持着上午练字、朗读古文,下午画画的习惯,生活极有规律。抗战中费巩到内地去之前,还专门请了汪声远先生来指导她绘画,每周两次,另外还请了一个"伴读"即段祺瑞的女儿段式巽(袁慧泉的堂嫂),跟她一块学,因段式巽也喜欢画画,两个人可以作伴。不过段式巽喜欢泼墨,袁慧泉喜欢山水和花卉。现在她的小女儿费莹如女士处还保存了一些她晚年的作品,那一片片青山绿水,的确是令人心旷神怡的境界。

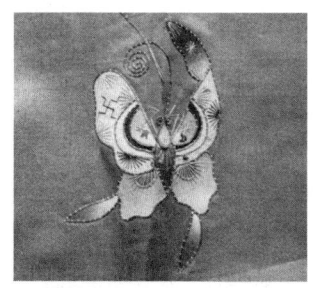

袁家第的绣品

同样是爱好书画,袁慧泉的父亲袁克定的晚景就差得远了。现在费莹如手里还保存着一幅外公的画,画的是一只轻盈的小燕子,在半空展翅飞翔,但他的生活绝不像小燕子那样轻盈。

1946年后,袁家的一个后代在清华大学读书,暑假时他去看看老外公。他按照地址找去,走进了百万庄的一条很窄的弄堂,在一间十分低矮的屋子里,看见袁克定正和姨太太马彩云一起吃饭。他回忆说:"我简直惊呆了,真想不到,他们吃的是野菜和粗粮做的窝窝头,房间很小,屋里没有一件像样的家具,有个沙发,那沙发垫的填充物,就像丝瓜筋一样,丝丝缕缕地露在外面……"后来他的好朋友(也是亲戚)张伯驹看不下去,把他接过去了。解放后,章士钊担任中央文史馆馆长时,给袁克定挂了个馆员的名义,每月发给他五十元生活费,才使他们有了固定的生活来源。1958年袁克定就死在张伯驹家里。

袁家第的画作

而袁家第(慧泉),走的是与其父完全不同的道路。

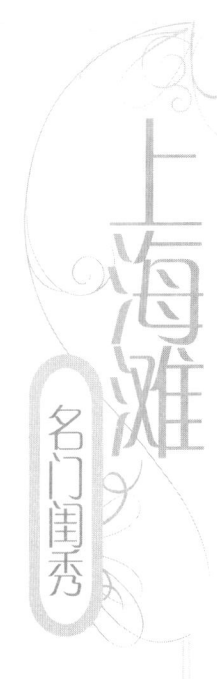

第二章
席家花园的四小姐席与明

- 一个历史久远的显赫家族
- 席家花园的双胞胎
- 意外的『混乱』与姐妹分手
- 刚到美国就成了断线的风筝
- 刘家花园的漂亮媳妇
- 独自带团往返中国二十八次
- 八十八岁高龄向钢琴十级冲刺

一个历史久远的显赫家族

说起苏州洞庭席家,大凡老上海几乎无人不知,因为外滩那栋最庞大、最豪华的建筑、外国人在中国开设的最大的银行汇丰银行,原先就是席氏家族为之打理的,而且一打理就是祖孙三代人,时间长达半个多世纪。这不要说在上海滩,在全国也绝无仅有。

在这漫长的岁月里,与席家沾亲带故的人家,很多因为席家的关系来到上海,渐渐"卷"入了金融圈,形成了一个以席氏家族为中心的特殊群体。他们的人在外滩各大外资银行中当经理、襄理、协理的,前后有三十多人次,所供职的银行除了汇丰银行,还有麦加利银行、有利银行、住友银行、德华银行、华比银行、中华汇理银行、华俄道胜银行……

经过几代人的经营,席氏家族的外延超级庞大,最后形成了在上海颇能呼风唤雨的"洞庭帮",近年来,被海外舆论界称之为"中国近代第一金融家族"。老百姓中有句俗语:"徽州人虽狠,见了山上人(洞庭山)还要忍一忍!"指的就是席家不可一世的气焰。

席家远祖并不是苏州人,而是北方关中人;原先所擅长的并不是金融,而是政治和军事。西汉初年他们居住在安定郡,东汉后期开始走出山沟沟,到朝廷去当官,这就是不少席家厅堂里挂有"安定世家"的横匾、苏州洞庭东山耸立着一座安定宝塔的原因。席家在朝廷里当官当得最大的是席豫,官至唐玄宗时代的礼部尚书(相当于国务院部长级)。到了唐朝末年天下大乱,黄巢破潼关时,席豫的五世孙席温(时任武卫上将军),带着三个儿子避居太湖之滨,从此在洞庭东山定居下来,至今已经

第二章　席家花园的四小姐席与明

席家花园夜景

一千一百多年，繁衍了四十多多代。最早在上海汇丰银行当买办的席正甫是第三十七世。

席正甫与他的哥哥席嘏卿于晚清咸丰年间开始闯荡上海滩，起初在一家钱庄里当跑街，后来自己办钱庄，开始吃金融饭。经过一百多年间的风风雨雨，席家在上海留下了很多传说，也留下了很多遗迹。除了席正甫、席立功、席聚星、席鹿笙等人在延安中路、淮海中路、汾阳路的豪华宅邸，还有如今更加出名的、位于东平路1号的席家花园酒家。席家花园酒家并不是席家人所开，而是别人用席家名声、在席家的老房子里开设的。

如今席家花园以上海菜和正宗的豪门旧宅享誉海内外。近年来每当秋风起，大闸蟹上市，该店就会出现一对漂亮的孪生姐妹，她们就是席家花园的旧主人、席氏家族第四十代后人、曾在这栋房子里生活过二十年的席与昭和席与明。她们的父亲是席正甫的孙子、留美学生、曾任中央造币厂厂长的席德柄；母亲黄凤珠，湖州双林人，是丝商的女儿。

席家花园的双胞胎

席家似乎有双胞胎的"传统"。席正甫的父亲席元乐及叔叔席元栻就是双胞胎；席德柄的哥哥席德懋（民国年间中央银行外汇局长、1948年中国银行总经理）的两个儿子席与中、席与和也是双胞胎；席德柄的两个女儿席与昭、席与明还是双胞胎。据说席家的老人老派，重男轻女，席与中、席与和生下来的时候，祖父席裕光（字德辉，席正甫的三弟）非常高兴，马上叫人抱来看看，对着两个小光榔头笑得合不拢嘴。而席与昭、席与明出生的时候，一听说两个都是女的，老人一句话都没说，回里屋了。

席与明、席与昭在席家花园

第二章 席家花园的四小姐席与明

虽说爷爷不是很开心,但她们的父母非常高兴,非常疼爱她们。席与明是妹妹,比姐姐席与昭晚出世四十五分钟。姐妹俩长得一模一样,连她们的母亲也担心认错,于是在两个女儿身上细心地"找差距",结果发现姐姐与昭的一个耳朵后面比妹妹与明多一个小洞洞,一旦弄不清谁是谁时,就拎拎小耳朵。她们两个不仅长得像,性格脾气也一样,甚至兴趣爱好都一样,都喜欢看书和弹钢琴。

父亲的爱是理性的,每天早晨到起床时间,就推开她们的房门,拍着巴掌唤她们起

父母席德柄、黄凤珠在席家花园

床,叫她们跟他一起到花园里去跑步。她们的大姐席与蓁年长七岁,已能安排自己的起居(后来不幸在鸡公山度假时染病早逝),她们双胞胎就一左一右,跟着父亲在花园里绕圈。父亲是美国留学生,早饭永远是牛奶麦片加面包,双胞胎的饮食偏向母亲,喜欢馄饨、酒酿圆子、苔条酥。晚饭以后,父亲要对她们进行一番英语输入,把晚饭吃的小菜名称用英语教一遍,第二天要提问。回答得好,大家都很高兴;回答不出,小脑门上要吃一记"毛栗子"。

小姐妹长得活泼可爱,很快被发现是婚礼上小傧相的好角色,于是从四五岁开始,她们不断地被亲戚朋友请到婚礼上当小傧相。从小时候一直到上中学,她们从小傧相当到大傧相。荣宗敬先生的公子荣鸿三结婚,无锡籍富商唐星海结婚,还有很多上海滩富家子弟的婚礼,都是她们出任小傧相。以至于在她们家三楼的一间储藏室里,层层叠叠

席与明的母亲黄凤珠

席与明的父亲席德柄

地堆满了一盒一盒的、人家送的小傧相套裙,丝绸的、丝绒的、白纱的都有,还有很多与新郎新娘一起拍的照片,可惜这些东西在她们离开席家花园以后,都不知到哪里去了。

中学读的是中西女中。这所教会学校的功课特别紧,每六周要考试一次,不及格就要"吃大菜"(名字写到黑板上),规矩也很大,必须住校,每两周才能回家一次。她们的妈妈说,功课这么紧,就不要去当傧相了,推掉算了。可是不行,席家双胞胎已经爆得大名,朋友们不依,反复来请,推也推不掉,所以,她们的傧相任务一直当到席与明离开上海为止(1941年年底)。

要说她们有什么区别的话,那就是与明比姐姐与昭多一个妈妈——有一个干妈,她从小得到了双份的母爱。干妈姓牛,是宋庆龄、宋美龄的表妹,是著名骨科医生牛惠霖、牛惠生的妹妹,与双胞胎的母亲黄凤珠是极要好的朋友。同时,她们的父亲席德柄在美国读书时,与宋美龄是同学,这样的关系,使两家走动得很勤。干妈从小生活在美国夏威夷,英语讲得很好,中文马马虎虎;而黄凤珠是湖州双林人,祖上到上海开绸庄,她从小生活在上海,是中西女中第一届毕业生,英语讲得不错,但比起牛氏兄妹来说,也算马马虎虎。于是她们之间就有了取长补短的需要,久之成了好朋友。

干妈家有两个儿子,没有女儿,很想有个女儿。适逢黄凤珠一下子生了两个女儿,她羡慕极了,于是提出过继一个女儿,同时把一个儿子过继给黄凤珠当儿子。黄凤珠原本不缺儿子,有一个儿子席与文,但儿子嘛,多一个比少一个强,于是两位母亲各有所得。至于过继哪一个女儿,干妈对黄凤珠说:"大的我不好意思要,就把小的过继给我吧。"于是席与明成了干妈家的干女儿。干妈的丈夫姓过,北方人,原先并不姓过,祖上在晚清避战乱逃到上海,南下过黄河时遇到很大的麻烦,过河过不去,费尽周折才过去了,留下深刻印象,到了上海,于是改姓姓"过"。

干妈和两个过家兄弟都很喜欢席与明这个小妹妹,每次来都会给她带来很多玩具和食品。印象最深刻的是她十岁生日的时候,干妈送她一只漂亮的小手表,她高兴得跳了起来。十岁的孩子带手表,即便是在那时的上流社会,也是一件很令人妒忌的事情。姐姐与昭在一边很羡慕。她们的母亲很细心,等客人们一走,马上找出一块旧手表带在与昭的手腕上,两姐妹都满心欢喜。

意外的"混乱"与姐妹分手

双胞胎在五六岁的时候,父母为她们买来一架钢琴,请了一位钢琴师来家教她们弹琴。黄凤珠是位极有责任心的母亲,她认为弹钢琴可以陶冶孩子的情操,注意鼓励女儿这方面的爱好,即便是全家到庐山度假或是到香港避居时,也不忘在当地找最好的钢琴教师。尽管她本人并不擅长钢琴,但她喜欢唱歌,她家的六小姐席与时也喜欢唱歌,于是她家就常有这样的局面——两个女儿轮番弹琴,母亲和妹妹轮番唱歌。

那时中西女中不仅有必修课,还有各种选修课,其中有钢琴选修课(另付学费)。

席与明、席与昭与妈妈在席家花园

第二章　席家花园的四小姐席与明

教学楼的四楼有一排琴房，一间一琴，每个学生配一个老师，每天两小时的晚自修之后，学生可以上琴房自行练琴，这给双胞胎带来很大的安慰，紧张的功课后，可以在钢琴中泡一泡。席与昭的钢琴老师是位英国老师，席与明的钢琴老师是法国老师。英国老师教的曲子古典些，法国老师教的现代些，两姐妹之间时有交流。

席与昭中学毕业照

1937年上海"八一三"打仗时，她们跟母亲到香港避居了半年。回到上海继续读书时，她们宿舍（四人一间）的伙伴换了，来了两个随父母从北方南下的同学，一个是北京来的，金城银行老板周作民的女儿周孝珊；一个是从天津来的姓庄的同学，家里在天津开地毯厂。这两个同学都讲国语，读书很用功，给双胞胎很大影响，她们相处得很好，周日常带她俩到席家花园来玩。这期间席与明有个意外的收获——跟她们学会了国语，想不到这在后来的一段特殊日子里，还发挥了不小作用。

双胞胎原定高中毕业后一起到美国留学的，可是这个计划被一个意外打乱了。有一个周日，她们陪一个伙伴去兆丰公园（今中山公园）相亲，对方是上海滩挺有名气的老板张慰如的公子张长春，刚从美国留学回来，长得一表人才，他家正忙着为之找对象。谁知那张长春并没有相中"主角"，却相中了"配角"席与昭，主动提出跟与昭交朋友，还约她出去喝咖啡……这就给席家带来小小的"混乱"。

"混乱"的受害者主要是席与明。本来她们双胞胎总是一起进进出出的，无论什么事情都是一起去，人家请吃饭或者看电影，请了席与明就等于也请了席与昭；请了席与

席与明、席与萱出国前在码头与妈妈告别

昭等于也请了席与明。可是张长春的出现破坏了这样的常规,他只想约席与昭,而不想约席与明,但又不便明讲,这就给席与明带来很大困惑。有一天张长春又来约席与昭出去喝咖啡了,席与明也忙着赶快梳妆打扮。可是当她下楼梯的时候,从楼梯窗户里看到姐姐先走出去了。等她来到大门口时,发现张长春的车子带着姐姐已经开走了!

她又气又恼,对着妈妈哭诉:"他们怎么不带我去呀?他们怎么可以就这么走了……"妈妈一边为女儿擦泪,一边安慰她说:"囡囡呀,你们两姐妹总有一天要分开的,不要老跟着姐姐了,你自己也可以很愉快呀,你不是还有很多同学吗?"是的,席与明的确有很多要好的同学,直到现在九十岁了,还与四个同学保持着联系。

高中毕业后,按说要实施既定的留学计划了,可是这时姐姐已经与张长春订婚了，张长春不主张席与昭立即赴美，他说："美国嘛，反正美国永远在那儿的，要去嘛任何时候都可以去的，何必现在就急着去？"但席与明坚持现在就要去，因为她高中毕业了，应当立即升入大学。正如她们母亲说的那样，双胞胎总有一天要分开的，想不到这一天说来就来了。

当母亲的总是细心地呵护着孩子，她担心与明一个人在美国会感到孤单，就安排老五席与萱与她同去。她俩先乘船到香港，再转乘美国总统号邮轮赴美。在香港，朋友们听说席家姐妹到了香港，还以为是双胞胎来了呢，都跑去看热闹，可是他们很快失望了："这双胞胎怎么不像啊？"

刚到美国就成了断线的风筝

席与明和席与萱在香港告别了亲戚朋友，高高兴兴地登上了雪白、高大的国际邮轮，第一次独立地出远门，时间是在1941年12月初。她们的父亲在抗战爆发之初，已经随国民党政府的撤到四川去了，无法前来送行。可是她们万万没想到，她们离开香港两天之后，太平洋战争就爆发了，日本人偷袭了珍珠港，太平洋上战火弥漫，她们的旅程变成了一次充满危险的行程。

席与明清楚地记得，那天早晨起来，她奇怪地发现，她们乘坐的船原本通体雪白，一夜间被染成全黑了，听说是船长派人连夜粉刷的，说是这样便于伪装。而且，她们的船已经改变了方向，朝澳大利亚驶去，绕了一个很大的圈子，航行六周才到旧金山。若在平常，只需四周就够了。她在船上每天记日记，想着到美国后就寄给妈妈。

可是到达旧金山之后她才知道，这些日记已经无法寄出了，太平洋上正在打仗，美国已经卷入战争，邮路都断了，她们乘坐的是太平洋战争爆发前的最后一班船。更具威胁的是，在美国的信寄不出，那么家里寄给她们的生活费也收不到了。她们刚刚踏上美国的土地就成了断线的风筝，收不到家里的信息，也无法告诉母亲她们的情况……这一切都突如其来，令两姐妹极为震惊。

在最初的惊恐渐渐平定之后，她们按计划进入高校读书。席与明进入加利福尼亚大学伯克利分校，妹妹席与萱在另外一所学校。因为有中西女中的底子，她们读书并不感到吃力。问题是她们带来的钱很快就所剩不多了，很现实的问题是，她们必须找一份工作，用半工半读的方式继续读书。初来乍到，两个中国女学生，能干点什么呢？

好在中国驻旧金山总领事是个热心人，他与席与明的父亲席德柄也算朋友，积极为她们想办法。有一天总领事把席与明叫到办公室，问她会不会说中国国语，她说稍微会一点。于是总领事拿出一张纸，上面印的是一篇简单的战事报道，然后又从外面叫进来两名美国军官，三个大人坐在席与明对面，要听她用国语念完这篇文章。

原来是场考试。由于美国将有一批军人到中国去援助中国抗战，临行要进行短期的汉语会话培训，他们需要汉语教师。那时在旧金山的中国人大都是广东人，会说国语的人很少，于是席与明的国语就很吃香了。她战战兢兢地把那篇文章念完，总领事一挥手，考试就算通过了，于是她成了几十名美国军官的汉语老师。上课时的景象，席与明至今想起来仍觉得可笑——一群牛高马大的美国大兵，跟着一个娇小的中国女孩伊呀学语；女孩与大兵之间仅有一张长条桌子，桌子对面的大兵一伸腿就伸到女孩这边来了，吓得她胆战心惊。

后来形势渐渐好些了，她们与家里联系上了，才知道母亲一度得不到她们的消息，还以为她们在海上遇难了呢，为此曾大病一场。

刘家花园的漂亮媳妇

在美国读书期间，席与明遇到了她哥哥席与文的中学同学刘德麟。刘德麟是刘吉生（中国企业大王刘鸿生的弟弟）的儿子，家住上海巨鹿路845号（即有着爱神雕塑的漂亮花园洋房，现在是上海作家协会），在上海圣约翰附中读书时喜欢打网球，席与文也喜欢打网球，两家的花园里都有网球场，所以常相来往。席与明跟刘德麟在上海时就认识了，如今都在战争年代漂洋过海，在远离家乡的地方读书，免不了一番同是天涯零落人的感慨。久之，友情发展为爱情，大学毕业之后，在纽约建立了他们的爱巢。

大学毕业的席与明

正当他们为准备婚礼而忙碌的时候，上海传来了不幸的消息，席与明的母亲病逝了。席与明伤心地大哭一场，婚礼也变得没心情了，做好的漂亮婚纱也没心情穿。她在上海时给人家当小傧相，不知穿过多少次白纱礼裙，都是喜气洋洋的，这回轮到自己结婚了，却没有了喜气。为了表示对母亲的哀悼，他们简单地举行了婚礼。

在纽约的时候，许多旅美华人都喜欢打麻将消遣，也有的喜欢吊吊嗓子泡京剧，而席与明还是想学点本事，于是学会了速记和快速打字。

抗战胜利后的1947年，她和丈夫带着年幼的女儿回到上海，住进刘家花园二楼西

丈夫刘德麟家的老房子，现在是上海作家协会

第二章 >> 席家花园的四小姐席与明

头那套精致的卧室（刘吉生夫妇住在二楼东头套间）。作为刘家唯一的儿媳妇，席与明受到公公婆婆的热情款待，他们送给她很多漂亮的首饰。除了家庭聚餐，每餐饭都征求她的意见，并由佣人送到她房间里。

他们夫妇在刘家花园住了不到一年就去香港了，因为丈夫刘德麟在香港有事业。在香港，他们最开心的事情是儿子JERRY（刘作安）的降临人世。这孩子是刘吉生唯一的孙子，因此也给刘氏大家庭带来很多快乐。数年后他们移居加拿大蒙特利尔市，丈夫在那里从事保险业，客户中有一家是龙虾捕捉公司，因此他们获得了很多品尝优质龙虾的机会。

刘家花园里的爱神雕塑

独自带团往返中国二十八次

当两个孩子都已经长大，不需要费太多心思在孩子身上时，席与明就尝试着走向社会，做点喜欢做的事情。

正好加拿大一家飞机制造公司在招募速记兼打字员，这正是席与明的强项，她那弹钢琴的手对付打字机绰绰有余，于是她成了该公司一个部门的打字员。这个写字间里包括经理在内共有十名职员，全是男人，只有她一个女性。男人们不是长得牛高马大就是胡子拉碴，只有她一个人娇小玲珑，所以非常耀眼。何况她原本皮肤白皙，又很会保养，人家根本看不出她已经是两个孩子的母亲，权当她一个小姑娘。上班后，她每天要

席与明带的旅行团

应付写字间所有职员所需的打印材料,忙也是够忙的。小伙子们为跟她套近乎,总有一些必须"立等可取"的"急件"。

  经理的写字间在最里面,是一间独立的小办公室,他总是比其他职员晚一个小时到达。小伙子们教导席与明说:"每天经理来到的时候,你要给他端上一杯咖啡,他要放五块方糖。"席与明记住了,每天照做不误,经理每天对她道声"谢谢"。可是有一天经理叫她打印一份材料,材料的草稿在他办公桌的抽屉里,经理正好接电话,就叫席与明自己开抽屉取。她拉开抽屉一看,发现抽屉里放着一大堆方糖,顿时愣住了。经理放下电话说:"我又不是一匹马喽,为什么要吃这么多糖呀!"

  席与明窘得说不出话来,知道是门外那些小伙子在捉弄她,气得她再也不理他们了。可是到了圣诞节,他们又纷纷来拍马屁,有的送她巧克力,有的送小玩具熊……

几年后,她发现了一个极富魅力和挑战的职业——国际旅游。

干旅游不就是带人到处玩吗?那有多带劲呀!又能玩,又能赚钱,何乐而不为?何况国际旅游是可以周游世界的呀,这正是席与明梦寐以求的!

说干就干,席与明开始到离家不远的一家旅行社去打工,帮助卖飞机票,有时也带团游走各地。她觉得很有意思,开拓了眼界,越干越有劲,渐渐地熟悉了这个行当的每个环节,与各大航空公司的业务部门也熟了,后来竟萌生了自己开设一家国际旅行社的念头。好几个设在蒙特利尔的航空公司知道她的打算后,都积极支持她,有的甚至送她飞机票,叫她去他们本国的旅游点考察,连旅馆都为她安排好了,希望她将来带团去旅游。

于是,VIVIEN LIEU(席与明的英文名)国际旅行社诞生了。这个旅行社最兴旺的时候雇佣了几十名员工,开设了到

席与明夫妇与儿子参加化妆晚会

席与明夫妇在上海游船

五十岁生日时双胞胎在夏威夷

七十岁生日时双胞胎在旧金山

六十岁生日时双胞胎在纽约

八十岁生日时双胞胎在温哥华

欧洲、非洲、美洲、亚洲的旅游线点，从20世纪60年代末开始，运营了二十多年。这期间，世界各大旅游胜地席与明都去过了，非洲大峡谷、日本富士山、意大利威尼斯……拍了一堆一堆的照片，她开心极了。她还有个先天的优势，乘海轮不晕船，任凭风浪多大，她不晕船。有一次她带团乘海轮出游，吃饭时遇到大风，船剧烈地摇晃，餐厅里人越来越少，吃到最后上冰激凌的时候，餐厅里只剩她一个人了。

这期间她的丈夫有点失落感，觉得妻子呆在家里的时间太少了。

这些传统的旅游航线一直维持到80年代初，才被她的一个朋友的出现给打破。这个朋友是席与萱的丈夫林达伟的弟弟，名叫林达光，林达光的夫人陈女士（国民政府财政部陈行的女儿）跟席与明也是多年的朋友。林氏两兄弟都是很有作为的人，林达伟是著名医生，在加拿大开办医院很有成绩，荣获加拿大政府颁发的奖章。林达光则在国内，是宋庆龄主席的英文秘书，长期在北京工作，在中加建交的过程中贡献卓著，也受到了加拿大政府的表彰。50年代，国内很多豪门望族的后代都往国外跑，而林达光却在这时带着太太返回了大陆。

80年代初，林达光到加拿大蒙特利尔大学讲学，宣讲改革开放的中国，鼓动加拿大的实业家前去投资中国。他与席与明又见面了，并邀请她去听他的演讲。林达光的演讲很成功，把满堂的听众都"震"住了。听讲者都是有一定身份的银行家、实业家、医生、律师和大学教授，大多是对中国有兴趣的人。

最后林达光请大家提问，他当场解答。

一个听众站起来说："听了林先生您的演讲，我们很想到中国去看看，哪怕是旅游也好的，可是我们怎么去呢？"谁知林达光毫不犹豫地指着台下的席与明说："喏！你们找这位太太，她是一位成功的旅行家，她会把你们带到中国去！"全场一阵欢呼，报

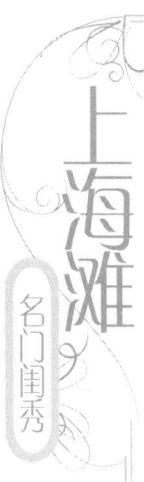

以热烈的掌声!

席与明懵了,闹不清是怎么回事,因为她自1947年离开上海后再也没有回去过。开辟到中国大陆的旅游点,她自己还没有去过,也还没有想过。可是林达光这样当众一宣布,等于把她给推上了历史舞台,不去也要去了。80年代初,蒙特利尔到中国大陆的旅游业还未开通,席与明被"赶鸭子上架",成了一个带头人。

她在会后埋怨林达光,这样是不是太轻率了,她毫无思想准备。林达光说:"怎么轻率?我把游客都给你召集好了,你尽管带着去好了!要不你自己先走一遍,眼见为实。中国国际旅行社那头我给你联系好。"就这样,席与明先独自一人来到北京,然后去了西安、四川、桂林、广州、杭州……尤其是在桂林,她被那名不虚传的甲天下的美景吸引住了,决定组团来华。尽管那时国内的旅馆设施和服务她不敢恭维——她到北京的第一夜就没睡好觉,虽然是住北京饭店,但那卫生间的自来水龙头拧不紧,滴答滴答地到天明……

此后她每年亲率一个团或者两个团到中国来,共飞了二十八个来回。个中甘苦,令她至今想起来仍唏嘘不止。

八十八岁高龄向钢琴十级冲刺

席与明从小喜欢弹钢琴,高兴的时候弹琴,不高兴的时候也弹琴,只要有钢琴在身边,她的身心就永远年轻。90年代初,她从工作岗位上退休了,不久丈夫也因病去世了,她在儿女的建议下,搬到了气候比较舒适的温哥华居住。儿女都要忙工作和家务,怕她平时一个人孤单,儿子JERRY为她买来一架钢琴,供她消遣。没

第二章 >> 席家花园的四小姐席与明

席家五小姐与张贻仁，左一席与明

想到这给她的生命带来了新的兴奋点。

　　有一天她正在练琴，没有琴谱，只是随意弹一些过去学的曲子，听到有人敲门，开门一看是个俄罗斯小伙子，年龄跟她儿子差不多，说是他在楼下听到琴声，想进来看看。

　　进来吧！席与明原以为小伙子是好奇，谁知小伙子竟是个职业钢琴家，坐在琴边，手下立即流出了非常流畅的乐曲。他说他住在十二层，家里有很多曲谱，有兴趣的话可以拿些曲谱来练练。席与明还以为是客气话。有一天她在楼下散步，小伙子在楼上招呼她上去，她在他家看到了一整橱柜的曲谱，于是小伙子抽出几本，叫她回家练习，他有空会来"检查作业"，无形中当起了席与明的老师。

席与明的琴谱都翻烂了

后来才知道，小伙子祖上几代人都是音乐家，是在俄国十月革命的时候逃到加拿大的，他正在温哥华一家乐团任职，尽管演出任务很忙，但他愿意义务指导唯一的一名学生——席与明。很快，小伙子成了她的老师，并且跟JERRY也成了好朋友，他们常在一起欣赏和评论席与明的弹奏，还在一起合计——光这样弹弹玩玩不行，<u>应当去考级</u>，依现在的水平，再努力一把，完全能够应付考级！

于是，弹琴不光是自娱自乐了，变成了正式的功课，老师不断地布置新的练习曲谱。在有好的钢琴独奏音乐会时，老师会买好了票子叫她去观摩。考级也是老师安排好的，每年到了钢琴考级的时候，英国的权威组织就会派人来温哥华，到时候老师就陪同席与明一同前去。她从六级开始考起，每年上升一级，现在已经通过了

第二章 席家花园的四小姐席与明

90岁的席与明在上海

九级,正在向钢琴十级冲刺!

由于儿子JERRY现在来到上海工作了,席与明也来上海买了房子,每年来住一两个月。每次来上海她都不忘带上必须练习的钢琴曲谱,那些曲谱都被席与明翻烂了,她不敢懈怠,因为回去后要向老师汇报的。

席与明在练琴时旁边常常放着一个电话,电话的那头是姐姐席与昭,姐姐在旧金山,也要听到她的琴声。

第三章 严筱舫的孙女严莲韵

- 塘沽路上的严家大宅门
- 如花似玉的严家三姐妹
- 从金陵女大到乡村女教师
- 从严家大宅门嫁到徐氏大宅门
- 上海女青年会的有心人
- 十年浩劫中的『蜗居』岁月
- 一个世纪『厚生』理想的光辉

塘沽路上的严家大宅门

上海虹口区的塘沽路过去叫文监师路,路面不宽,路也不算很长,但是资格很老,建于1848年,是条很有故事的老马路。上海近代工商发展史上几个重量级的人物与之有关,有的在这儿建起了大宅门。一百多年来,名人进出,不知凡几,子孙后代在这里继续他们的家族故事,有的一直住到最近世博会前动迁时才拆房走人。

当年的塘沽路是个四方通达,风水看好的地块。那个号称江南首富的扬州大盐商周扶九就住在这里,营建了一条长春里,一头在塘沽路,另一头通北面的海宁路。弄堂里只有三个石库门,全住自家人,大门里头名堂可就多了,层层飞檐,勾心斗角,有移步换景之胜。还有近代史上著名的宝顺洋行买办、后任轮船招商局会办的徐润,在塘沽路一带曾拥有大量地皮,最多的时候据说圈下了上千亩,后来在19世纪80年代的金融危机中吃了亏,不得不卖地偿债,靠近七浦路的一片卖给了日本人,建起了一个日本社区,这就是目前那片房子仍有使用移门的缘故。

自然,老上海们都知道,这条街上门风最显赫的还是临近吴淞路口的严家大宅门,是"宁

少女严莲韵

第三章 >> 严筱舫的孙女严莲韵

波帮"的开山鼻祖严筱舫（信厚）在上海的老宅。与他家东面一条弄堂之隔的，是一处道观三元宫。他家西面临近乍浦路，占了很大一片地，其中除了严家的住宅，还有好几条供出租的石库门弄堂。严筱舫的孙女严莲韵在回忆这处老房子的时候曾说："我家的房子最大，进门有一个大天井，东西两边是厢房，其中一间是我父亲的书房，他在里面办公和接待亲密的朋友。中间是一个客厅，很大，但光线不太好，全是红木桌椅，平时我们不进去，嫌它太阴森。但是每逢过年过节，这里又是最好玩的地方，灯火通明，红烛高烧，还摆着各种带有神秘色彩的祭品，这时候，我们兄弟姐妹就老是往里面跑……每年的年夜饭就摆在这里，全家数十口人，团团几桌，非常热闹，这是我们小孩子最向往的一天……大屋的后面还有一个天井，是我们兄弟姐妹平常嬉闹的场所。房子的二层是骑马楼，我住在东

严莲韵的父亲严子均

严莲韵的祖父严筱舫

屋。这个过街楼用处可大了，站在中央可望见弄堂两边，多少闲情趣事尽收眼底。房子多，对孩子来说好处也多，捉迷藏就成了我们最常玩儿的游戏。所以读初中时看《红楼梦》，就已经很能理解了。"

严莲韵的祖父严筱舫在近代上海绝对是位传奇人物，他十八岁的时候就已经从宁波来上海打工了，后来在胡雪岩手下做事。因精明干练，善于周旋，在李鸿章当上北洋大

臣、大办洋务的时候，又进入李鸿章的幕府，在天津和上海举办了大量官私企业，影响最大的是中国第一家银行——中国通商银行，他出任第一任总董和总经理。他还是上海总商会的创办者，出任上海总商会的第一任会长，对整个上海近代的工商业发展，尤其是对上海重要的商帮"宁波帮"的形成，起了无可替代的作用。1886年，他凭借多年的积累，在上海创建了严氏家族最重要的一个企业——源丰润票号，经营各地汇兑，逐渐在全国各地设有十七家分号。或许在这期间，塘沽路上严氏大宅门就已落成了。

2009年年底笔者造访这处严家百年老宅时，已经人去楼空。年久失修的老房子墙上，处处用白色粉末画着大大的"拆"字，房角和檐头杂草长出一尺多高，其中有一栋楼已经被劈掉一半了。临街的房子上拉着红色醒目的横幅，号召居民配合市政建设，搞好动迁工作。一位摆摊儿的小伙子说："世博会之前，全部要推倒了。"

望着这处即将消失的严家老宅，想到一百多年来的严家旧事，笔者深深地感到遗憾——可惜了！可惜了！！这个大宅门居然多年来没人把它当回事，更没有挂名人旧居或保护建筑的牌子！可是，这毕竟是一处极具历史意义的名人故居，出了三代名人，除了严筱舫、严子均父子，还有大名鼎鼎的严家三姐妹，她们在现代许多文献上都留有芳名。

如花似玉的严家三姐妹

严筱舫逝世的时候，严莲韵只有五岁，对他影响较大的是她父亲严子均。

严子均（1872—1931，号义彬）是独子（他有两个妹妹严淑英、严毓珊），继承了其父全部的产业，一生做过很多事情，除了经营其父创办的源丰润票号、老九章绸缎庄和物华楼珠宝店，还独资开设了源吉钱庄。他注意加强与上海道蔡乃煌的联系，后来承办了源通海关官银号，还是四明银行、宁绍轮船公司、源通官银号的董事，1909年上海总商会改选时当选为协理。他身在商界，但是思想很开明，对国家的前途非常关注，对孩子的教育完全是新式的海派教育。令人敬佩的是，他作为一个晚清大宅门里的遗少，所谓世受皇恩，但是对孙中山先生领导的辛亥革命却非常赞同，还带领严彩韵和严莲韵小姐们前去聆听过孙中山先生的演讲。

中学时代的严莲韵（右）与严幼韵

严子均有很多孩子，五个儿子、七个女儿，但是最优秀的是严彩韵、严莲韵和严幼韵，人称"严家三姐妹"，在上海滩名媛闺秀中非常出众。

严莲韵在严家姐妹中排行第五，严彩韵是她的四姐，比她只大一岁，两个人年龄相仿，从小读书、玩耍总是在一起。她们年幼时，父亲为她们请来了启蒙教师，但不是传统的私塾先生，而是大学里的教师，一位教国文，一位教英文。等她们稍大一些，其父就把她们送进上海当时最好的小学中西附小。早期的中西附小在三马路（汉口路），离塘沽路有好几条马路，中间要过桥穿过苏州河。家里用马车送她们两个穿着漂亮的小姑娘去上学，这在当时是非常时髦的事情，因为一般绅士上班不过是乘黄包车，马车一定是豪门望族的"特产"。她们一路上左顾右盼地看路边的风景，而路边的人也在看她们，把她们当成了一道更好看的风景。

在严莲韵十几岁的时候，全家搬到了天津，因为父亲在天津有生意要打理，同时母亲由于南方气候潮湿，身体不适，需要换个环境。她们小姐妹在天津进入天津的中西女中（与上海的中西女中名称不同，上海的叫Mctyeire School，天津的叫Keen School）。入学时，由校长亲自主持面试，要她当场读一篇英文文章。严莲韵接过书就很流利地朗读了起来，念到一半校长说不用念下去了，示意OK了。

严彩韵原本聪明过人，小时候就有"小才女"之誉，读天津中西女中更是没有问题，在校期间连跳几级，只有十五岁就高中毕业了。她好学上进，钻研精神强，是位很典型的新女性。由于当时北大、清华不招收女生，只好去报考南京金陵女子大学。金陵女大也是所很优秀的学校，创办于1915年，是所教会学校。严彩韵入学第一年就考了全班第一名，获得了学校发给新生的最高荣誉奖"理事奖学金"，她把这笔奖学金捐献给了金陵女大办的一所小学。以后每年暑假寒假回家，她总是绘声绘色地描述那丰富多彩的大学生活，引得严莲韵好生向往。1920年严莲韵高中毕业了，也进入了南京金陵女大，当时她十七岁，是严彩韵在校的最后一年。严彩韵十九岁就大学毕业了，然后赴美留学。

严彩韵在美国波士顿就读史密斯大学，专修食品化学和营养学。为了学习更多的知识，她又利用暑假去芝加哥大学攻读了三门学科，这三门学科的成绩均是A。1923年5月，她在哥伦比亚大学获化学硕士学位后回国，在北京协和医学院任生化系助教，与著名营养学专家吴宪博士（1893—1959）一起开创了中国生物化学专业

青年严莲韵（后中）与父母弟妹

的研究与教学，最早提出了关于蛋白质变性的理论，发表了一系列学术论文，取得了令人瞩目的成果。1924年，严彩韵与吴宪博士喜结良缘。1948年他们来到美国，夫妻俩夫唱妇随，在高校和研究机构辛勤耕耘，著书立说，她直到八十五岁才被批准退休。她是美国营养学会、自热科学学会、英国皇家卫生学会会员，知名科学家，名字载入了《世界知识分子名人录》、《美国科学界杰出人士》、《国际自传字典》、《美国科学领袖人》、《美国女性名人传》、《（英国）皇家蓝皮书》等多种名人辞典，是严氏家族中学术水准最高的一位。他们夫妻还营造了一个学术性的大家庭，五个儿女不是博士就是硕士，都成为学有专长的科技和文学人才。

严家的六小姐严幼韵比严莲韵小两岁,是当年上海滩一朵"爱的花",也是一位非常著名的传奇人物。严幼韵1925年考入上海沪江大学,1927年转入复旦大学商科。那时候她每天开车到校上课。因为当时女生很少,她是复旦大学第一批女生,青春靓丽,朝气蓬勃,在同学中非常抢眼。又因那部汽车的牌照是84号,用英文读来就是"Eighty Four",这个词汇的汉语谐音就成了"爱的花"。那时的大学还是男生的世界,"爱的花"漂亮的小车一进校门就会引起一阵小小的"骚动",久之成了复旦的校花。如今"爱的花"已经"盛开"了一百零六年了,仍旧健康而乐观,她的后代每年为她在纽约举行盛大的生日派对,老友们见面,总会聊起她当年的风采。

1929年,她与年轻的外交官杨光泩在著名的大华饭店结婚,其豪华及洋派的程度又是一件轰动的新闻。新郎和新娘并肩站在大华饭店门口,两侧五个伴娘和五个伴郎沿层层阶梯次第排开,伴娘一律白纱衣裙、手捧鲜花(服饰是严幼韵亲自设计的);伴郎个个英俊潇洒、西装笔挺;前方是撒花的小傧相。严莲韵是五个伴娘之首,满怀喜悦地伴在妹妹身边——这张洋溢着海派青春气息的结婚照,现已成了解读海派风情的代表作,是上海各种老照片画册必选的图片。

严幼韵不仅聪明漂亮,她那超强的智慧、毅力和组织能力,在十几年后的大灾大难面前充分显示了出来。1938年,她丈夫杨光泩出任中国驻马尼拉总领事,她作为外交官夫人随之前往菲律宾。1942年日军攻占了马尼拉,数月后,杨光泩和他的七位同事惨遭日本军方杀害。刀光血影中的严幼韵没有被吓倒,她不仅坚强地挺了过来,悉心抚养三个女儿成长,还成了领事馆八个家庭、四十多人的家属队伍的领袖,把大家组成了一个大家庭。没有经济来源,她就带领家属们养鸡、种菜、缝纫,和衷共济,共度难关,直到抗战胜利后去美国。

第三章 >> 严筱舫的孙女严莲韵

严幼韵大华饭店结婚照,严莲韵是第一位伴娘

她在20世纪40年代中期到了纽约,出任联合国礼宾司官员长达十年,1959年与著名外交家顾维钧博士结婚,现在早已"荣升"高祖母,后代中能人辈出。与古今中外所有老寿星不同的是,她永远乐观,永远喜欢热闹,永远喜欢朋友,拒绝冷寂,拒绝孤独,所以她的家现在仍像几十年前一样,常常高朋满座,欢声笑语不断,成了深受纽约老一代华侨喜欢的"活动中心"。

从金陵女大到乡村女教师

严莲韵在金陵女大读书四年,于1924年毕业。同届毕业生只有十人,进校的时候则

乡村女教师严莲韵

不止这个数，中途有的人跟不上了，有的交不起学费，也有的要结婚了，就中途辍学了。当时这所学校的毕业生很受欢迎，全国各地都有人来招聘。其他九个人都很快落实了工作单位，唯独严莲韵总是没有动静，学校叫她不要着急，又不让她接触招人单位，使她很纳闷。

两周后，教务长终于把她找去了，原来，学校给她出了个不小的难题。教务长对她说："有一个职位，我们想来想去，只有你可以去，只是不知你自己的意见如何。"教务长介绍说："那是一个偏远的山区——安徽省怀远县，从南京过去要乘火车先到蚌埠，再转乘小火轮进去不少路，在淮河边上。那个地方很穷困，山多地少。教会在那里办了男女中学各一所，有不少外籍教师在那里任教。男校学生不少，教学质量很高，毕业生都能找到工作，有的还考上了大学。但是当地人重男轻女，女中学生很少，也缺师资。学校的意见想推荐你去，因为你不仅学习成绩好，道德品质也很优秀，有奉献精神。那里困难多，工资又低，在别的地方工作可以拿到五六十元工资，而在那里只有四十元……"

学校当局真的是"知人善任"，她们没找错人，严莲韵正是那种以实际行动实践金陵女大"厚生"校训的人。她几乎没加思考就同意了，她觉得这个任务艰巨、工资又低的单位，别的同学未必合适，因为她们毕业后要赚钱养家，而自己家庭富

第三章 严筱舫的孙女严莲韵

大学时代的严莲韵（左）与杨丽琳（杨光洼的妹妹）　　严莲韵（左）与同学

裕，没有经济负担，也许只有自己去才合适。教务长说，你还是征求一下父亲的意见吧，结果她父亲也是一声"OK"。其父一贯的主张是，只要子女的要求是合理的，就不反对。

于是，二十一岁的严莲韵成了一名乡村女教师，她在这个岗位上一干就是三年。她到那所女中校后调整了师资，成立了高中部，她教外语和化学，并负责学校的长远筹划。她与另外三名外籍教师同住一室，朝夕相处，生活条件与上海和南京的情况简直是天壤之别，但是她也看到了有利之处，就是她的英语口语得到了很大提高。第二年，教会办的一个小学的校长要回国了，严莲韵接替他的职位，当上了小学校长。她很爱那些贫穷家庭的孩子，总是想方设法为他们创造更好的学习条件。学生们也很爱戴她，抢着为她做些日常琐事。严莲韵日后回忆起那段日子，不觉凄苦，反而觉得很开心，说那是一段"金黄色的岁月"。

可是，怀远山区毕竟是一个缺碘的地方，三年后她患了甲状腺肿大。那时军阀混战，正是北伐战争期间，社会很不安定，她父母担心她一个人远在异乡不安全，几封信催她回沪治病，那时她家已从天津迁回了上海。

她离开的那一天，小小的山村激动了。许多中小学生，包括他们的家长，有的家长怀里还抱着孩子，纷纷涌到江边来送她。她站在船头向大家挥手告别，看到岸上许多学生和家长都哭了。她回忆那个场景时曾说："当时我哭没哭，已经记不清了。倒是后来每当回忆起这个场面，总会有眼泪流出来……"她的学生没有辜负她的一番心血，两年后，她教过的一个女生给她带来了好消息，她的怀远女中有好几个毕业生考取了金陵女大！

从严家大宅门嫁到徐氏大宅门

不知是不是三年怀远山村生活的影响，在后来很长的一段时间里，严莲韵身体状况都不佳。她一生共开过七次刀，从怀远回沪后治疗甲状腺是开的第一刀。病情稳定一些时间后，她接到了上海中西女中的聘书，就在中西女中当化学教师了。不久，她的父亲病逝了。一个有山海般家财的大家族，掌门人过世犹如一阵狂飙，总会激起种种风浪。为了处理家族事务，家里请来了律师。这位律师就是上海滩的名律师、胡适的学生徐士浩博士。

当家族事务差不多处理停当了，徐家人与严家人并没有"拜拜"，反而更加走动得勤快了，原因是徐律师的弟弟、从美国留学回来的徐振东先生，看上了严家五小

徐振东（左立一）1925年带领上海棒球队获得远东棒球赛冠军

徐振东在1925年沪江大学辩论赛中获奖

姐严莲韵。

　　徐家是江苏昆山人，古老的书香门第，祖上曾出过三个状元。近代以来几代人都是虔诚的基督教徒。徐振东的曾祖父徐退三于同治十年创办了昆山浸礼会分会，建造了当地第一座教堂，他亲自担任牧师，是当地基督教会的领袖。徐振东的父亲徐崇敬先生来到上海，是圣约翰大学历史系和文学系的教授，还是知名的诗人和作家。他的母亲徐程蓁当地人尊其为徐老太太，不仅是虔诚的基督教徒，还是一位有影响的慈善家和教育家。她创办了孤儿院，出任昆山浸礼会女子学校的校长，还负责管理一个乡村卫生所与一个助产士训练所，表现出卓越的管理才能。老人家非常贤德，助人为乐，对穷人非常慷慨，富有同情心，在当地很受贫民百姓的拥戴。有时候她在外乘黄包车回家，看见车夫穿着一双破袜子破鞋，到家时就关照车夫先不忙走，她会进去拿了鞋袜叫车夫穿上，然后再走。这样的事情多了，以至于出了名，从昆山火车站出来的客人，但凡是说到徐家，黄包车夫就绝对不会收车钱……徐家在昆山的老宅是全城最好的房子，解放初曾作为县政府的办公大楼。

　　徐振东从小受过很好的家庭教育，在上海沪江大学土木工程系毕业后，留学美国密

严莲韵、徐振东结婚照　　　　　　　　　第三个孩子出生

歇根大学，读公路建造专业硕士课程，但是回国后由于中国交通事业非常落后，政府对交通基础设施缺少投资，致使他回来无用武之地，只好改做金融工作，在金城银行当襄理，当时二十九岁。他的业余爱好是体育，各类球类运动都喜欢，在美国时打过橄榄球，是参与这项运动的第一个中国人。他与球王李惠堂也很熟，还共同组织过中国足球队去日本参加远东足球赛。1925年，他带领的上海棒球队获得了远东棒球赛的冠军。

　　他们于1931年订婚，第二年在上海国际礼拜堂举行了婚礼。他们一个是大家闺秀，一个是留学生、银行家，男才女貌，人称天生一对。第三年（1934年）生下了大儿子阿达。几年后抗战爆发，天下大乱，他们辗转内地各处，生活很不安定，这期间，又相继生下了女儿徐景灿和小儿子徐景乾。严莲韵尽管一度身体很不好，曾不得

第三章 >> 严筱舫的孙女严莲韵

抗战胜利后严莲韵（前左）、严幼韵（后）、严华韵在上海

不长期卧床休养，但她还是尽力担当起了抚养、教育儿女的责任，使他们从小受到了良好的家庭教育，学习各种独立生活的技能，日后走上工作岗位之后，都逐渐成了能独当一面的业务专家。徐振东在抗战后期从金城银行转到了新华银行，担任新华银行上海分行总经理，一直到解放后公私合营。他们一家人住在泰安路的一栋漂亮的花园洋房里，周末常有亲朋好友来家欢聚，碰到节庆日子，楼下的餐厅和自家的花园，可以开派对。可想而知，在天下相对承平的日子里，他们一家人过得非常体面，非常红火。

严莲韵、徐振东夫妇与梅兰芳、崔承喜

上海女青年会的有心人

解放初的几年，严莲韵看到政府非常有效地解决了旧时代无法解决的吸毒、妓女、文盲和就业问题，受到广大贫苦百姓的拥护，觉得这样的政府是为贫苦百姓做事的，是值得信赖的，于是积极响应党的号召，投入到新的社会生活，参加了妇联、女青年会和工商联的各种活动。

那时新的社会秩序刚刚开始，社会环境跟以前完全不一样了，工农大众的社会地位大大提高了，而民族资产阶级的地位就有点说不出的尴尬。许多家庭妇女对妇联非常陌生，尤其工商业家庭的主妇，对新的社会生活还无法很快适应，与妇联组织及其妇联干部总有些隔膜，不可能有很多共同语言。但是她们对于过去就有的女青年会还是亲切的，仍旧愿意参加活动。严莲韵早就是女青年会的会员，她的家族成员有很多女性都是女青年会的会员，而且都是从教会学校毕业的，有很大的亲和力。所以当时的妇联就让女青年会起一个桥梁作用，通过举办各种活动，团结各界妇女，让她们走向新生活。这期间，严莲韵从开会学习到排练节目、组织缝纫、烹调等各种兴趣小组，都是积极分子，很快赢得了大家的信任，大家都亲切地唤她严大姐，有事情都愿意与之商量，无形中成了众多工商界家属的核心成员。

但是，想不到很快又出了新的问题。银

中年严莲韵

行界是解放后最早进行公私合营的行业，徐振东先生所在的新华银行自然也不例外。在这个过程中，他积极配合政府的工作，为了从根本上弄懂社会主义的政治与经济，他买了许多马恩列斯和毛泽东的著作，认真研读。但是，地方上一些具体的办事人员，往往对政策的掌握有偏差，"宁左勿右"是常事。于是，徐振东在1952年"三反五反"运动中，被莫须有的罪名关押了起来。他自然想不通，身体情况急遽恶化，后来虽然提前释放回家，但是毕竟已经被关押了十个多月，心情更加郁闷。1955年，终于带着诸多不解和愁绪，离开了妻子儿女以及对他来说有着太多牵挂的世界。

这时候，孩子们都还在读书。一个家庭一下子失去了中心支柱，情况是可想而知的。严莲韵所参加的所有社会工作都是义务的，没有经济收入。好在祖上还留下来一些固定资产，即便在1956年全部行业均纳入公私合营之后，她们还可以按季度领取一些定息。这样的日子，一直维持到十年浩劫。

十年浩劫中的"蜗居"岁月

1966年十年动乱开始了，所有的生活全都乱了套。由于严莲韵的家族背景，被视为"黑六类"，倍受歧视。基督教青年会的国际背景，更被视为"帝国主义的走狗"。严莲韵这个多年来的共产党的朋友，一夜之间变成了敌人，不仅精神上倍受打击，生活上也历尽磨难。

当一场疯狂的、愚昧的、毁灭性的群众运动从天而降的时候，任何家庭都是无可阻挡的。抄家、批斗、任意羞辱别人，都成家常便饭了，成为公众熟视无睹的"集体无意识"。最为黑暗的是动辄把人"扫地出门"。严莲韵家的钢琴、沙发、衣柜以及存款、

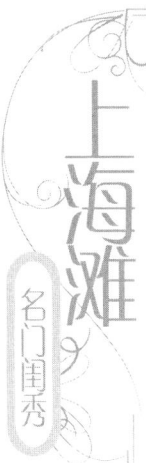

"文革"中住的楼梯屋

首饰,全被抄走了,还被迫从居住了26年的泰安路的花园洋房里搬出,搬到淮海路一栋楼房的楼梯下面住。那个地方根本不是住宅,原本是人家堆杂物的旮旯,总共只有七平方米,而实际上因为头顶上是这栋房子楼梯,楼梯是个大斜坡,而人在下面能够走动的地方,不过才三四平方米,搭上一只床,简直就没有转身的余地了。这个旮旯像个地下室,没有自来水,也没有煤气,更没有卫生间和厨房间,烧饭只好用一只煤油炉在门口烧饭……凡是来看她的亲友看了这种情况,想想她以前为社会所做的贡献,为大家做的好事,没有不哭的。

有一天老人家过生日,她的女儿徐景灿和几个亲友把她接到她弟弟家,为使她高兴,炒了几个菜,还烧了一只鸭子。谁知这小小的无关政治的事情,被一个造反派知道了,那造反派跑进来飞起就是一脚,把摆好菜的饭桌踢翻了……大家敢怒不敢言,只有抱头痛哭。严家人至今记得这件事情,毕竟实在是雪上加霜,太令人伤心了。那个造反派原是当地的户籍警,外号"张胖子",为非作歹惯了,专干坏事,严莲韵与他无冤无仇,在人家这样困难的时候,他不知哪儿来的那么多仇恨……

她当时已经是七十多岁的老人,原先的定息停发了,生活失去了保障。女儿徐景灿上海外国语大学毕业后在一所中学教书,单位离得很远;大儿子徐景达原本是中国动画专家,运动中被打成反动学术权威,也在困苦之中,自顾不暇;小儿子徐景乾在苏州工作,他们都无法天天来照顾她。几经冲击和折腾,她身体极度虚弱,非常危险。有一天她四弟严智实的一个学医的女儿严仁蒂来看她,发现她脸色煞白,指甲没有一点血色，眼底也有问题，断定是严重贫血，有生命危险，于是立即想方设法弄来肝精和维他命B12针剂，为她治疗，方才渐渐好转，总算没有出大问题。

她刚搬到"蜗居"的时候，邻居们不知是哪里来的牛鬼蛇神，后来看看她是个七十多岁的老太婆，也没有什么尖牙利爪，慢慢就消除了敌视，逐渐和她接近了，再后来就成了朋友了。这条弄堂里不少是双职工，孩子在读小学，家长不放心把钥匙给孩子，就将钥匙放在她那里，孩子放学以后就到她那里去取。起初是一两个家长，后来越来越多，有十几个人了。她就叫人家帮忙在墙上钉一块木板，在板上钉十几个钉子，编上号，写上孩子的名字，孩子来一个就发给一个。这种时候，孩子们对她都很有礼貌，亲热地叫她好婆，给了她极大的安慰。她觉得自己能为大家做一点事情，是很开心的事情。

她就在这样的环境里煎熬了四年。她非常坦然，从不哭，也不怨天尤人，总是把困难看淡一些，把事情往好的方面想一想。她拥有一种常人难以达到的智慧——超脱，这使她在任何情况下，都能保持一种心灵上的平衡。所以，人家看她苦恼，为她伤心流泪，而她反过来还要安慰这些亲友。那"蜗居"朝西北，夏天热得像蒸笼一样。但是她还是"悟出"了一点好处，她的说法是"冬天暖和"。用惯了煤气灶的人一下子没了煤气，烧饭煮菜自然很不方便，但是她会说，烧煤油炉也有煤油炉的好处，夏天没有蚊子了……后来她女儿徐景灿看她这样长期下去不行，就把自己的工作调到闵行，把在市中心的房子也换到闵行，常把母亲接来闵行住住，以期远离市中心的是非骚扰。

这种境遇一直到1972年才被一个意外的情况所打破。1972年是美国总统尼克松历史性的"破冰"之年。在尼克松访华之后，多年来骨肉分离的华侨们可以陆续回国探亲了。远在纽约的顾维钧博士的女儿顾菊珍女士（联合国著名官员，曾任非洲非殖民司司长三十多年,严幼韵是她的继母)回国之前,国内有关部门估计,她肯定要探望她的姨妈严莲韵!

那时还是"四人帮"统治时期。人要脸,树要皮。上海的有关部门一查,严莲韵居然还"蜗居"在那个楼梯之下!这怎么能行呢?这简直太影响新中国的形象了,何况来者还是联合国的官员,这是有国际影响的大问题!但是,严莲韵家原先的花园洋房已经被别人占据,而且弄得七十二家房客,破败不堪,临时修整也来不及。这下,"张胖子"之流慌了,只好另外安排房子,忙不迭地赔上笑脸,把她从"蜗居"里请出来,安排到平武路的一处房子的三楼,一切做得像真的一样。在这样的背景下,海外关系不再被视为洪水猛兽了,她的处境才逐步得到了改善。1976年粉碎"四人帮"之后,她终于重见天日。

一个世纪"厚生"理想的光辉

"厚生"是金陵女大的校训,就是"关注民生,奉献社会"的意思。严莲韵自从进入金陵女大,就把这个校训深深地刻在心中。其实金陵女大与严莲韵有着天生的渊源,不仅她和姐姐严彩韵毕业于金陵女大,她丈夫徐振东的大姐徐亦蓁也是金陵女大毕业,而且还是第一批毕业生,与后来担任校长的吴贻芳女士是同学,关系非常密切。徐亦蓁的丈夫是当年上海最著名的骨科专家牛惠生医生(西安事变中蒋介石逃往骊山的时候摔伤了腿,就是牛惠生医生为之治好的),而牛家兄弟与宋家三姐妹又是表兄妹,他们的母亲倪老太太是亲姐妹。于是,徐亦蓁还曾通过这层亲戚关系,动员宋家三姐妹为学校捐款。金陵女大附中的宿舍就是宋家三姐妹捐资建造的。严家四姐妹（严彩韵、严莲韵、严幼韵、严华韵）则为学校捐建了一所小医院，后来成为学校的疗养院。

20世纪50年代，全国高校院系调整中，把金陵女大整个地裁撤了。严莲韵伤感地陪伴吴贻芳校长无奈地送走了最后一批外籍教师，所有的专业均并入南京师范大学。这对于全体"金陵女儿"来说，好像是失去了家园。

1979年，中国已经开始步入"春天的故事"。时任江苏省副省长的吴贻芳女士有一次到上海开会，她坚持不去会议安排好的

严莲韵与女儿徐景灿

严莲韵与侄女杨雪兰

酒店，而是住到了严莲韵的家。她们俩有太多的话要说，她们心中都有一个难以抹去的心愿，就是恢复金陵女大，让"厚生"的思想重放光辉。她们的这个想法得到了上至中央、下至地方的各级政府的赞同，但是直到1985年吴贻芳女士病重了，具体的计划还未落实。原来，主要困难是资金问题。在这一年的金陵女大校庆70周年的时候，另一位对学校怀有深厚感情的校友谢文秋女士，从美国来到了国内，她是金陵女大美国校友会的会长。她们一见面，复校的意见一拍即合。这时候，严莲韵已经八十高龄了，她一点也没有退缩，反而焕发了创业的青春，决心为完成老校长的遗愿、完成全体校友的心愿而

百岁老人严莲韵在沪度过幸福的晚年

严莲韵（前居中）出席青年会一百周年

第三章 >> 严筱舫的孙女严莲韵

不懈努力。经她提议，成立了"吴贻芳基金会"，开始为复校筹集资金，她亲自担任会长。

又经过了两年积极有效的努力，"吴贻芳基金会"在海内外的捐款逐渐落实到位。其中，谢文秋女士的一万美金是第一笔捐款。严彩韵在美国听说此事，立马捐出五千美元。严幼韵以及彩韵的儿女杨雪兰、吴瑞、吴婉莲等海外亲属也纷纷解囊，慷慨相助。严莲韵本人捐出了落实政策后发还的五万元钱。1987年，金陵女大这所"停运"了三十多年的名校，终于在原先的地址上复校了。她们捐建的室馆分别命名为"光洤图书馆"、"彩韵、莲韵、幼韵室"。

1997年，学校的新教学楼落成，年已九十五岁的严莲韵被邀请前去出席落成典礼。她站在吴贻芳校长的塑像前，感慨万分，她觉得"厚生"的理念已经放射出了光辉。

严莲韵（右三）与亲友在锦江饭店

严莲韵（右）1995年在金陵女大贻芳园

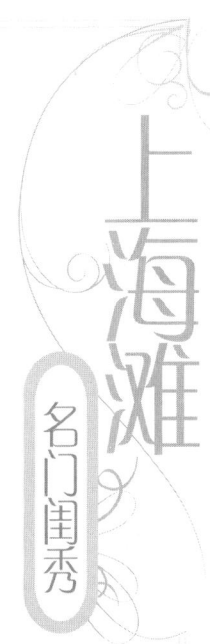

第四章
顾维钧的女儿顾菊珍

- 不无寂寥的童年生活
- 一不留神又『撞上』了豪门
- 联合国女权运动的领导者
- 为父亲,也是为中国的外交史
- 钱英英:妈咪的那么多旗袍怎么办

不无寂寥的童年生活

1999年1月29日,是著名外交家顾维钧诞辰111周年纪念日。

顾维钧生平事迹陈列馆在这一天,在他的家乡嘉定法华塔院隆重开幕,顾氏家族的后代纷纷从世界各地赶来。其中,顾维钧的女儿顾菊珍女士已经八十多岁高龄了,这位在联合国工作了三十二年的资深官员,在儿女的陪伴下再次踏上故土,为父亲的事迹陈列馆,也是国内第一个民国外交官的陈列馆揭幕。她在陈列馆的纪念册上深情地写道:"这个陈列丰富美丽,非但纪念了父亲五十多年的外交生涯,而且给后代留下一段中国的外交史,记载了我国由半殖民地的时代到今天,已是一个富裕的独立自主的大国。我代表我们家属向祖国和有关单位表示感谢。"

一个记者走过来采访她:"作为女儿,您觉得顾老是怎样的一位父亲?"

顾菊珍酷似其父,头脑一向反应灵敏,各种场合对答如流,然而面对这样一个问题,她却沉吟了片刻,没有作正面回答:"这是一个没有结果的话题,因为父亲是一个中国背景的外交官,他的目标是事业,几乎全部的精力和时间都用在了工作上……"

听者有些纳闷,很难想象,一个女儿对父亲的印象居然主要是在工作!

其实这并不奇怪,因为现在的人们对于半殖民地时代外交高官肩头的负荷和工作频率太缺乏了解,仅用"工作繁忙"来概括是远远不够的。事实上,顾菊珍在退休之前很少有机会和父亲生活在一起,尤其是她的童年时代和少年时代,甚至很少见到父母亲——说来很不幸,她的生母在她出生不到一岁就病逝了,名人的家庭总是充满变数。

第四章 顾维钧的女儿顾菊珍

顾菊珍的生母是民国第一任总理唐绍仪的女儿唐宝玥，天生丽质，新派青年，1913年与顾维钧在上海结婚。1915年8月顾维钧出任中国驻墨西哥公使，10月又改派驻美国兼古巴公使，从此开始了长达半个多世纪的外交生涯。这一年，顾菊珍的哥哥顾德昌在华盛顿出生。1918年顾菊珍也来到人间，可惜她出生不久母亲就病故了，年仅二十九岁。这一年顾家尽出大事——女儿出生，夫人过世，顾维钧出席著名的巴黎和会——在会上代表中国就山东问题据理力争，慷慨陈词，声名鹊起，从此成为国际外交界一颗举世瞩目的新星。

巴黎和会之后的顾维钧公务愈发繁忙，肩负的使命越来越重，任中国出席国联全权代表，进而又出任驻英国公使、修改国联盟约委员会委员、国联理事会主席、出席华盛顿会议第二全权代表……他根本无法照看两个年幼的、失去母亲的孩子，就把他们送回国内，在他们的外婆家生活。所以顾菊珍小时候是在天津生活的，在天津读到中西女中初中二年级，读初三时到了上海，仍读中西女中，在上海中西女中高中毕业后留学英国，1940年于英国伦敦大学化学系毕业。

在顾菊珍两岁的时候（1920年），其父在驻英国公使任上，娶印尼华侨巨商、有"糖王"之誉的黄仲涵之女黄蕙兰为妻。1922年4月父亲回国述职时，顾菊珍才第一次见到这位漂亮的继母。然而父亲仍是天南海北地忙，先后出任北洋政府外交总长、财政总长兼关税委员会主任，还代理过国务总理，这期间，因罢免英籍总税务司安格联，再次令中外刮目相看。

继母黄蕙兰以前一直在国外生活，西化的程度很高，涉外交际活动非常多，与孩子们也很少相处。用她自己的话来说就是："我只是在每天早上孩子们打扮整齐、欢欢喜喜的时候看见他们，还有晚上我偶尔在家的时候。"顾菊珍在读中学以前与这位继母在北京生活过一段时间,那是一座位于铁狮子胡同的豪门深院,据说以前是陈圆圆的老宅院,是黄蕙兰花巨资购下的,有二百多间房间。房多人少,院子空旷,就更显得距离父母遥远。几年后冯玉祥发动北京兵变,兵荒马乱中这个大宅门遭劫,她们只好避往天津。

顾菊珍童年时代的寂寞是可想而知的,然而或许正是这样的原因,使她养成了独立思考、不怕困难和坚韧执着的特性。她在学校读书成绩始终名列前茅,在工作岗位上一直出类拔萃。然而关于父爱,一直到了半个多世纪后的1984年,她才意外地有了感觉——

那一年她来到北京中国社科院近代史研究所,阅读父亲当年留在国内的一批笔记——那是装在七十多个信封里的个人资料,是他父亲晚年一直在设法寻找的。一个偶然的机会,她得知北京中国银行的老保险箱中,有一个登记为"顾维钧"的保险箱,几十年间没人动过。她得到父亲的首肯后前去交涉、开箱,撬开一看,果真是父亲的东西!这批资料有一部分就交给了近代史研究所。那天她小心地一包一包翻阅着,突然在一个信封里,惊讶地发现了她读小学时的一张成绩单,还有她和哥哥写给父亲的信!她被深深地感动了——父爱居然是这样深沉、凝重,以至于平时不易觉察到,一旦觉察时,已经多少岁月过去了。

✿ 一不留神又"撞上"了豪门

顾菊珍在英国伦敦大学毕业时,欧战已经爆发,而中国大地上早已是战火纷飞,这时她父亲正在驻法大使任上。按说,凭她的学识和父亲的影响,在国外找一个

第四章 顾维钧的女儿顾菊珍

安全的地方做事是不难的，但是她选择了回国，选择了投入中国的抗战。

1940年，她辗转来到贵州贵阳，参加了设在那里的红十字会救护总队的工作，在那里认识了上海交大毕业的热血青年钱家骐。

说来凑巧，钱家也是一个著名的官宦家族，浙江嘉善人。钱家骐的祖父钱明训是当年的津海关道，地方实力派，钱家骐小时候在北京生活。他祖父在同辈中是老大，还有一个四爷爷叫钱能训，更出名，曾任北洋政府时期的国务总理和内务总长，张恨水的小说《金粉世家》就是影射他家的生活。钱家骐的伯父钱泰是知名的外交官，曾任民国时期的比利时公使和驻法国大使，著有《中国不平等条约的签订及废除》一书。钱家骐的父亲是北洋交通部的技术官员，可惜去世得早，他的母亲带着三个孩子（大妹妹叫钱家成）来到上海，生活上靠伯父照应。钱家骐同辈中还有一个钱家驷，在银行界工作。钱

顾菊珍、钱家骐1941年在贵阳结婚

顾菊珍、钱家骐夫妇在美国

泰的儿子钱家骐也是外交官，在联合国任职。

钱家骐中学时代曾投身进步学生运动，为抗日曾参加学生请愿团到南京请愿，甚至参加卧轨抗议活动，后来就读上海南洋模范中学，毕业后考上了上海交大物理系。1939年毕业时，他说"我不能为日本人做事"，来到位于贵阳图云关的红十字会救护总队，当一名物理指导员，担任新式X光机的技术培训工作。这期间，他还设计了一台当时绝无仅有的、可移动可拆卸运往前线的X光机。工作中，遇上了从英国学成回国的顾菊珍。共同的爱国情怀和生活情趣，使他们从相识走到相爱。1941年，他们在贵阳结婚，一年后生下儿子钱澄清。

这期间钱家骐曾应邀去重庆沙坪坝交大分校任教，在重庆认识了英国著名科学家约瑟夫·尼达姆博士。尼达姆很器重他，指导他获得了英国剑桥大学的奖学金，于是在1944年,他们带着儿子前往英国。在英国,顾菊珍生下了女儿钱英英。钱家骐则在迪拉克教授的指导下,获得了剑桥大学物理学硕士学位。这时,日本鬼子已经投降,中国抗战已经取得了胜利,他们全家就迁往美国。

他们夫妇二人都是准事业型的人才。钱家骐在专业上有了突飞猛进的发展,他在纽约梅默里奥医院从事放射治疗学的研究中,发明了一种运用计算机来计算癌症病人所需放射剂量的科学方法,并在1955年的英国放射学杂志上发表论文,引起了国际医学界的高度关注。

六十年代初,钱家骐、顾菊珍夫妇第一次回国探亲

顾菊珍、严家麒夫妇与妹妹严家成夫妇在继母严幼韵家做客

后来他发明的这一新方法被广泛应用,逐渐形成一门专门的学问,他被同行们誉为"放射治疗中剂量计算机化的伟大之父",为此他曾获得过多次奖项,包括北美放射学学会的坎劳德奖和美国伦琴线协会的功劳奖等。1960年前后,已是著名放射物理学家的钱家骐,还受邀去设在维也纳的联合国国际原子能局工作,他被派往世界各地,帮助人们解决技术难题和技术人员培训。国际原子能局的亨利·塞利格曼博士常对人说,钱家骐是唯一的一个这样的科学家——在接受去维也纳的邀请之前,不问薪金多少、职位高低的人。

1962年,钱家骐凭借手中的联合国护照,绕道苏联,来上海探亲,当时他的老母亲还在世,跟他的妹妹钱家成一家生活在一起。由于他是放射专家,有关部门还特请他去北京作交流和研讨,由其妹妹钱家成女士陪同(这一趟使得他遭遇美国联邦调查局一年的调查)。1972年尼克松访华之后,他们夫妇很快带了孩子来上海与家人团聚,从那之后,他们利用在联合国工作两年一次探亲假的机会,回国走动得就勤了。

这期间,顾菊珍承担了工作和家庭的双重重任,她是一位可以事业、家庭两不误的女强人,让儿女读最好的学校,接受最好的教育,培养他们高雅的气质,同时想方设法给他们最大的爱。

联合国女权运动的领导者

顾菊珍1947年进入联合国工作,先后担任托管及非自治领土部的研究员、非殖民部非洲司司长,负责调查研究当时仍处于殖民状态下的安哥拉、莫桑比克、纳米比亚以及南得罗尼西亚等葡萄牙殖民地的政治形势,及时向联合国报告。这个职位,使她经常要出差非洲,非常辛苦。同时,她还监管联合国退休基金委员会的工作。对于她的职位,一般人很容易从他父亲身上找原因,其实不然,顾菊珍是凭着自己的实力,由一位英国友人推荐进去的,而且在联合国一干就是三十二年,直至退休。

顾菊珍表面给人的印象是温文尔雅,柔弱内向,与世无争,其实这是个错觉,她在待人处事上的确是很低调,不爱出风头,但是在原则问题上,在她看来是必须弄清楚的大是大非的问题上,她是从来不肯让步的。她外柔内刚,平时不动声色,该出手时便出手,是个敢于反潮流、反传统、主持公平正义的女杰。

她进入联合国工作以后不久就发现,尽管《联合国宪章》第八条明文规定:

第四章 顾维钧的女儿顾菊珍

"联合国对于男女均得在其主要及辅助机构的平等条件之下，充任任何职务，不得加以限制"，但是实际上，这条规定并未得到遵守。当时的《联合国工作人员条例和细则》中，就有违反上述规定的条文，其中对女性工作人员最显著不公平之处，是在福利待遇方面。

顾菊珍（左三）和亲友在一起，左一是钱家成女士

例如，男性工作人员的配偶和子女均可享有家庭津贴，包括子女的教育费用津贴，而女性工作人员在享受同等津贴时却要受到种种限制。当时的制度还规定，抚恤金只给男性工作人员的遗孀，不给女性工作人员的鳏夫；在回籍休假方面也是这样，男性人员每两年可携带妻子儿女一起回原籍国家度假一次，全部旅费由联合国支付，而女性人员的丈夫和子女的旅费则不能向联合国报销。

顾菊珍认为这些情况都是违反了男女平等的原则的，也违背了《联合国宪章》第八条的规定，于是积极展开工作和活动，想方设法为改变这种状况、维护妇女的权利而斗争。她的意见很快得到了很多人的呼应，因此她被选为联合国工作人员养恤金委员会的代表，接着又被选入联合国申诉委员会。这场斗争是艰难而漫长的，但是顾菊珍没有退却。1971年，当联合国的女性工作人员组织起来，成立"争取平等权利专门组织"（就是后来的"争取妇女平等权利组织"）的时候，她被选为主席。

在以她为首的联合国女权卫士的多年努力下，1975年1月，《联合国工作人员条例和细则》中，对待妇女在福利待遇方面的不公平条文终于得到全部修改。1976年，《养恤金条例》的相关条文也得到了修正。但是在女员工在职务安排和晋升方面的受歧视的状

顾菊珍接受联合国颁奖

况还没有得到改善,她们必须继续努力。

由于世界妇女运动的发展,联合国宣布1975年为"国际妇女年"。3月7日,联合国大厦里举行了一个庆祝大会,"争取妇女平等权利组织"也在这一天开会,会后,顾菊珍向联合国秘书长递交了一份有两千七百五十名男女工作人员签名的请愿书,要求联合国秘书处和所有专门机构中,取消歧视妇女的一切规定,委派协调员来处理女性职员受到不公平待遇的申诉,并采取切实措施加以纠正。该请愿书还要求将更多的妇女安排在决策性的专业岗位上,无疑这都是极具挑战意义的。又经过几年的努力,到了1979年,联合国秘书长终于作出了男

联合国颁发给顾菊珍的奖杯

女工作人员在同等条件下晋升的规定。

时间过去得越久，顾菊珍不懈努力的意义也就看得越清楚了。1989年的三八妇女节，联合国秘书长为表彰她多年的杰出贡献，特向她颁发了一个纪念杯。她当时虽然已经退休，仍在会上作了长篇报告，回顾了争取平等权利的斗争历程，赢得了全场热烈的掌声。

为父亲，也是为中国的外交史

1979年，在联合国工作了32年的顾菊珍终于可以退休了。这时，孩子们都已经成家立业了。尽管她仍担任着一些社会工作，但毕竟可以腾出一些精力为家族做些事情。她首先想到的是要向父亲尽一些孝道，因为在过去的几十年中，她与父亲相处的时间太少了，于是经常陪父亲散步、聊天。她的父亲顾维钧是个终生都沉浸在工作中的人，在长达一万一千页的回忆录（英文稿）已经完成后，还想着如何能翻译成中文，因为他的外交生涯都是与中国有关的事情，如果能翻译成中文，将会嘉惠中国的学者和官员。顾菊珍了解了父亲的这一愿望，就积极促成这件事。

1980年，中国社会科学院近代史研究所在中国驻联合国外交官陈鲁直的努力下，从美国购得了顾维钧回忆录的缩微胶卷。这年10月，顾菊珍回国探亲，受近代史研究所刘大年所长的邀请，专程去北京就翻译和出版方面的具体事宜进行磋商。顾菊珍向他们表示，国内愿意翻译和出版父亲的回忆录，父亲深感欣慰。很快，一个庞大的翻译组在天津成立了，参加工作的先后有六十多人，至1983年5月，中译本的第一分册终于面世；1994年，总共十三本全部翻译完成。这其中有着顾菊珍的很大功劳，她一次次地为之奔

顾菊珍退休以后常陪父亲在街头散步

顾菊珍一家与父亲

走,或核对原文,或提供资料,积极配合有关方面的工作,给人们留下深刻的印象。

这项学术工程表面看来风平浪静,其实顾菊珍还是承担了一定压力的。当顾维钧回忆录中文版第一册出版后,台湾《传记文学》杂志社的社长刘绍唐致信顾维钧,询问为何"欣然同意"由大陆出版中译本?顾菊珍不服气,代替父亲给予回信:"家父自完成其作为哥伦比亚大学'口述历史计划'一部分之回忆录后,即一直希望能将其著作译成中文。……我深信,那便是家父前附短笺之含义。"

1984到1985年,为了给父亲九十八岁生日一个惊喜,他们夫妇二人遍访欧美各地,收集了其父外交生涯中最有代表性的活动照片七十九幅,准备在老爸生日的时候为他展示。非常遗憾的是,1985年11月14日,还没有等到这一天的来临,老爸意外地摔倒了,从此没有再起来。后来他们把这些照片做成大型的板块,运回国内,先后在老爸生前活动过的省市如北京、天津、上海展示,这就是

第四章 >> 顾维钧的女儿顾菊珍

顾菊珍出席2000年在复旦大学召开的国际研讨会

顾菊珍率儿女出席嘉定顾维钧陈列室开幕典礼

现存嘉定"顾维钧生平陈列室"里的那批大照片。后来经她的妹妹杨雪兰女士提议，在各方的一致努力下，以这些照片为基础，她们又从美国多次带回了老爸的遗物，包括顾维钧获得的世界法治和平奖章、出席联合国会议的证章、大礼服、佩剑、绶带、身份证、各国和地区颁给的奖章、纪念章，以及一些日用品等等，创办了这个全国首个著名外交家的陈列专室。

1999年，当"顾维钧生平事迹陈列室"正式开幕时，钱家骐先生也过世了，顾菊珍带着儿子、女儿、侄子来到嘉定，出席了这个有深远影响的开幕典礼。然后又来到丈夫的母校上海交通大学，以丈夫的名义建立了一项基金，用来奖励优秀教师，还主动为该校订购了一批海外英文原版的学术期刊，用以促进学校的学术发展。

钱英英：妈咪的那么多旗袍怎么办

顾菊珍如今已经九十三岁高龄，一生绝大部分时间生活在国外，但是她怀有一颗高傲的中国心。在联合国工作期间，以及绝大部分生活场合都是穿中国服装——旗袍，只有在少数场合，比如回到国内，与中国官员交往的过程中，她发现中国女官员在正式的场合喜欢穿"中国式"的西装，所以她也入乡随俗地穿起了西装。其实她在国外，凡是在正式场合，她总是穿旗袍的。

她认为自己是中国人，中国人应当穿自己民族的服装，不必去追随外国人的"潮流"，尤其在联合国里，穿旗袍无形中就是自己国家的名片，所以她的旗袍出名的漂亮，不仅面料考究，色泽鲜艳，做工也是找最好的师傅，精美得堪称艺术品。她很为自己是中国人感到自豪，在外国人面前毫无怯色。所以到现在，她已经累积了上

第四章 >> 顾维钧的女儿顾菊珍

百件质地上乘的旗袍。

她的女儿钱英英在为老人整理衣物时发现，这些承载了历史痕迹的旗袍都被仔细地珍藏着，上面既有老人的审美意趣，身段尺寸，也记录了各个时期纺织面料、裁缝手工、印染技术等方面的信息。但是它们留在美国是发挥不了作用的。她打电话到上海问表姐徐景灿女士："妈咪的那么多旗袍怎么办？"说来凑巧，徐景灿女士正在参加一项上海海派老旗袍的抢救活动，钱英英

顾维钧的女儿顾菊珍

的电话来得正好。如此看来，九十多岁的顾菊珍女士还要挥洒一次激情——让如今的年轻人看看，什么是中国女士的气派！

第五章
朱其诏的曾孙女朱章绣

- 十个月就没了娘的宝贝疙瘩
- 解放初捐献国宝楚王鼎
- 新时期的新任务：联系袁家骝夫妇
- 十年浩劫中的不堪岁月
- 接待袁家骝、吴健雄夫妇的日子
- 至今仍惦记着那把金抹子

十个月就没了娘的宝贝疙瘩

上海巨鹿路有条弄堂叫安丰里,只有五个门洞,很不起眼。弄堂口临街有一栋洋房,楼高三层,壁板装饰,处处雕花,门庭很气派,是弄堂主人的住处。主人是晚清遗老、光绪帝师孙家鼐的侄孙孙多禔(履安),北洋政府时期在松江和扬州干过盐务,发过财,主持过中国实业银行天津分行,所以跟上海滩许多殷实家庭一样,有钱的时候买一块地,建一条弄堂出租,然后在弄堂边或者弄堂兜底处,造一处自己的安乐窝,晚年就在里面笃笃悠悠地养老。

孙多禔在安丰里不仅是自己养老,还养了不少过去走红的老艺人。他是海上名票,与许多京剧名角是朋友。他很同情那些年老技衰、不再走红的老伶工、老艺人,凡是年老无靠的,他就把他们接过来住,一来使他们吃住有保障,二来可以向青年传授技艺,老了也有个活动场所。先后在安丰里住过的老艺人有荀慧生的开蒙老师陈桐云、演小花脸的周三元、曾号称"五大名旦"之一的朱琴心、谭鑫培的胡琴师孙老元(孙佐臣)、有"票友中的谭鑫培"之誉的程君谋、与谭鑫培配戏的武功好手瑞德宝……

朱章绣的外公孙履安

可是不晓得怎么搞的,孙多禔养活了这么多人,而自己的宝贝女儿却没有养好,年仅二十来岁就病故了。女儿叫

朱章绣的祖父朱有济夫妇与儿孙，右边的小毛头是朱章绣

孙丽芳，嫁到上海沙船世家、轮船招商局的首任总办朱其昂、朱其诏家族。孙丽芳的公公是朱其诏的独养儿子、曾任江海关（即上海关）监督、北洋政府财政部次长的朱有济（字作舟）；丈夫是朱有济的独养儿子朱文龙（耀如），留美学生，在浙江兴业银行天津分行当副经理、经理。原本一家人日子过得挺滋润的，谁知一场猩红热，香消玉陨，孙丽芳留下一个才十个月的小毛头，撒手尘寰。这个小毛头就是朱章绣。

朱章绣是朱家家谱上"其有文章、和声鸣盛"八代人中的第四代，"章"字辈，长得白白胖胖，一个酒窝，酷似其母，非常讨人喜欢，十个月上就没了娘，更加招人爱怜，爷爷奶奶、外公外婆、舅舅阿姨，无不把她当成宝贝疙瘩，要什么给什么。尤其是奶奶王祖杰（苏州望族王家的后代，弟弟王祖祥曾任国民政府卫生部长，姐姐是潘子欣的夫人），把她从小带到大，把最好的首饰都给她留着。

舅舅孙养农与朱章绣

舅舅孙霭仁与朱章绣

朱家老太爷早年凭借沙船业优势,往来于上海、烟台、天津之间,从事沿海贸易,逐渐实力雄厚,后来发展到金融业,在北京、上海、天津、广东各地开设华裕丰汇银票号,然后捐资为官,参与官方举办的实业,出任浙江漕运局总办、海运局委员,是晚清较早取得官方信任的著名商人,还是李鸿章手下著名的洋务运动干将,属于干实事的人物。除了上海的老宅,在天津建有更大的豪宅(大理道33号。那一带早年只有四栋房子,除了朱家的,另外三栋是孙震方、孙多钰、王占元家)。后来朱家大本营渐渐转到了天津,朱章绣的青少年时代就在天津和北京度过。

自然,父亲朱文龙后来又讨了继室。这位继室也是一位豪门千金,是天津首富、汇丰银行天津分行买办吴调卿的外孙女詹宗孟。她的母亲是吴调卿的三小姐,嫁给了詹家(詹天佑家族),人称詹老太太,是天津有名的超级戏迷,无人不知,还是孟小冬的干娘。朱家与吴家的联姻，起源于他们上一代的友谊——吴调卿与朱其诏都是李鸿章手下的干将，洋务运动的实干家，两家老太爷早就很熟悉，两家的老太太——朱其诏的郭氏夫人与吴调卿的刁氏夫人还是金兰姐妹，由此发展成儿女亲家。

朱章绣十六岁

这位后妈詹宗孟也很喜欢朱章绣，精心呵护，如同己出，惟恐怠慢了。旧社会大户人家也重男轻女，但朱章绣是个例外，尽管后妈生了三个弟弟一个妹妹，而朱章绣始终以大小姐的身份最为得宠。从现在看到的"文革"后发还的老照片可以看出，她从小穿金戴银，一脸不屑，十六岁颈上已是钻石项链了，受宠的程度简直无以复加。

朱家有一件堪称传家宝的东西——一把象牙柄的白金抹子（普通抹子是泥瓦匠抹墙的工具，木柄铁质，不值钱），尺把长，那是她爷爷朱有济主持上海海关大楼奠基时（1925年）的纪念品，

朱章绣与孙家敏（右，孙传芳的女儿）

也可能是大楼承建商送他的礼物，上面有刻字记事。无论是文物价值还是货币价值，明眼人一看便知。朱家没有传给孙子，而传给了她这个孙女，可见其"根基"牢固。可惜她也没守住，"文革"中被五金矿产公司的造反派抄家抄走了，从此下落不明。

解放初捐献国宝楚王鼎

朱章绣在天津读耀华女中,亲戚中有一个本家姨妈叫孙玉芳,是孙家的家族银行中孚银行北京分行经理孙霭仁的妹妹,嫁给了末代皇帝的亲信张彪的儿子张伯龙。孙玉芳很喜欢朱章绣,认她当干女儿,什么事都与之商量,朱章绣就管她叫娘。张家是皇亲国戚,古物收藏非常丰富,一般收藏家根本无法望其项背。天津解放前夕,张家逃往香港和台湾,因张伯龙在日伪时当过石家庄市的市长,自知难过共产党这一关,一走了之。可是行李太多,尤其那些古物,小的还可以带,大的就麻烦了。其中最大的一个是青铜器——堪称国宝的楚王鼎,装在一个大木箱里,根本无法弄走,于是孙玉芳就托给一个亲戚保管。后来这个亲戚也要走了,就交到朱章绣手上。朱章绣知道是件国宝,叫人原封不动地送进自家住宅的一间储藏室里,只有她父亲朱文龙知道此事。1950年她和丈夫到上海定居,楚王鼎太大太重,她也无法带走,只好仍旧留在天津。

1953年三反五反,风声渐紧,朱文龙开始小心翼翼地观察动向。他写信给女儿,说这个楚王鼎不是咱家的,日子长了要惹祸的,不要保管了,赶快捐献给政府吧。朱章绣听从父亲的劝告,回到天津办理此事。打开木头箱子,她才第一次看到这个庞然大物——直腹、双耳、三个兽形足向外蹬着,造型非常雄浑敦厚。据资料记载,这个楚王鼎为战国时期楚幽王熊悍(公元前237—228年在位)所铸,是用战争中缴获的兵器铸成的,在器口、盖内和鼎的腹部,刻有六十四字铭文,记载了当时的史迹,是早年出土楚器中的重要代表,曾一度被誉为南北楚器之冠。此鼎于1933年在孙氏家族的老家安徽寿县被盗墓出土,辗转卖到天津的。

朱章绣赶紧向有关部门汇报捐献，天津市博物馆的领导非常惊喜，向她颁发了奖状。

新时期的新任务：联系袁家骝夫妇

1945年抗战胜利时，二十岁的朱章绣与袁世凯的孙子袁家魏（后改名袁卫）在天津结婚。公公是袁世凯的第六个儿子袁克桓（又名袁心武，1898—1956），在袁世凯十七个儿子中是较有作为的一个实业家，他遵循其母杨氏（袁世凯第五个姨太太）"不要从政"的遗训，从英国留学回来后，就投身实业，曾任启新洋灰公司的总经理，还参与创办了江南水泥厂（南京）、华新南辰溪水泥厂、北京琉璃水泥厂等企业。

袁世凯的孙子袁卫

袁卫是袁克桓的小儿子，从小生活在天津袁府，婚后不久赴美国留学，在纽约大学读国际贸易，获硕士学位，与在哥伦比亚大学读书的唐德刚是好朋友。袁卫的留学生活并不感到寂寞，因为袁家已有不少人生活在纽约——他的二姑袁仲祯是晚清驻美国公使薛福成的儿媳妇，姑父叫薛汇东，是老资格的华侨了。十四姑袁怙祯与曹锟的儿子离婚后也到了纽约。那时

青年袁卫在美国白宫

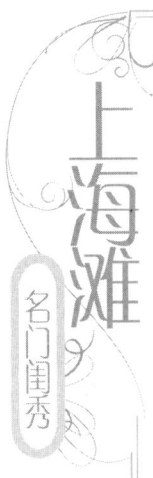

袁卫朱章绣夫妇

袁家骝、吴健雄（袁卫称三哥、三嫂）到美国已经十年了，都是物理学界著名的科学家，吴健雄还参加了美国研制原子弹的"曼哈顿计划"，正声名鹊起。他们对远道而来的小阿弟非常热情，过年过节常喊来家里来吃饭。

朱章绣则留在天津，在朱家、孙家、吴家及袁家四个大家族长辈的庇护下，整天还是自由自在。由于家族中很多实业界人士，她也就跟着学做股票，居然也很成功。结婚对于她来说，只不过是从朱家大宅门搬到了袁家的大宅门而已。袁家大宅的隔壁住着张学良的弟弟张学铭，外号张二胖子，说话非常有趣，常过来跟他们玩。她和弟弟还常去北京香山玩，因那里的双清别墅是她家姑太爷熊希龄的别墅（朱其诏的妹妹朱其慧是熊希龄的原配夫人），可以去那儿划船。当年熊希龄被绑票的时候，是朱章绣的爷爷朱有济前去匪穴把人赎出来的，所以朱家人无论大小，都是熊家的座上宾。

1949年全国解放，国家动员海外游子学成回国报效国家，朱章绣也写信动员丈夫回来。唐德刚是学历史的，始终关注着国内的政治动向和各种政策的实施，他对袁卫说："你回去是没有问题的，肯定会受欢迎，因你父亲是民族资产阶级，国家建设需要的；我不能回去，我家是地主，是革命的对象，回去了政府要镇压的。"

于是，1951年袁卫回到了天津。经国务院（那时叫政务院）有关部门统一登记

五十年代一家四口

和调配,分配到上海外经贸单位工作(后来长期在五金矿产进出口公司工作)。当时政府非常重视他们这些留学回来的人,还颁发了归国服务证书。于是夫妻俩就此南下,又回到了朱章绣的出生地上海。

一晃近六十年过去了,现在回忆往事,朱章绣深感这些年国家统战政策的威力,印象最深的一件事,就是在中美关系尚处于非正常的情况下,他们受命与袁家骝、吴健雄夫妇加强联系,争取他们在合适的时候回国探亲。

50年代的统战工作非常深入,上海有个"欧美同学家属联谊会",由市委统战部门领导,开大会时市委秘书长杜干成同志几乎每次都到会。这个联谊会常常组织家属们开会学习和外出参观,包括去外地旅游观光,主要是通过优待家属,进一步做好海外著名人士的统战工作,支援国家建设。开会较固定的场所是在华侨大厦(现金门饭店),会员全市只有七十多人,其中从徐汇区来的就有三十多个,每周学习两次,一次学习,

中年朱章绣

一次参观。学员中许多都是熟人,如黎元洪的儿子黎崇光,原交通银行的经理、茅以升的亲家周叔莲,李政道的岳父、岳母,杨振宁的父亲杨教授,郁风的母亲陈碧诚大姐,长宁区的冯老先生,还有科技界著名人士的家属王玉林、何秀清、周灵甫等等。

朱章绣原本性情开朗,活泼好动,极乐意参加这类活动,每会必到,还协助政府做些联络和说服工作。那时国家需要从国外进口化肥,但缺少外汇,于是就动员大家说服海外的亲友寄外汇来。她觉得这是为国家做好事,就自己先带头,然后走东家,串西家,很起劲地为政府张罗。她同时还参加徐汇区侨联的学习和活动,所以整天像上班族一样忙。

她所在的小组有十来个人,组长是著名民主人士荣君立女士(著名画家汪亚尘先生的夫人)。有一天荣君立对她说,袁家有一个亲戚住在瑞金路建国西路,年迈多病,应当与之取得联系,进而做海外人士的工作。结果打听下来,此人竟是吴健雄的母亲,范老太太。朱章绣原先并不了解这个情况,于是夫妻俩作为晚辈登门拜访。吴健雄的母亲当时已经中风了,整天卧床,由一个佣人服侍,唯一的儿子吴建豪在郑州自来水厂工作,无法常来探望,媳妇在学校教书,工作很忙,经济上虽然由吴健雄按月寄钱来，但是老人非常孤寂，缺少亲情慰藉。

当时，国内很多人与国外的联系都中断了，但是吴健雄与她母亲一直保持联系。美国有人对她这种做法不满意，劝她不要往大陆寄钱，她非常反感，对他们说："她是我的母亲啊！你们都有母亲吧？如果你们不许我寄钱，那我就回中国去！"美国人也是蜡烛，从此不敢再找麻烦。

从此朱章绣就成了老人身边的常客，几乎每个周日都带了水果或蛋糕前去探望，陪老人说说话，拉拉家常。60年代初，市场上副食品非常紧张，她就到锦江饭店底层去买高级点心带给老人。吴健雄和袁家骝知道大陆困难，常常寄包裹来接济他们，还寄过治心脏病的药。组织上知道了这种情况，就关照朱章绣，通过吴健雄的母亲劝说吴健雄夫妇回国探亲。其实吴健雄很想回上海看母亲，毕竟母亲已经风烛残年，但是当时的政治条件还不允许，他们只能非常无奈地等候时机。

可惜她没能见上母亲最后一面，"文革"前不久，老人家病逝了，袁卫、朱章绣夫妇前去吊孝，尽了晚辈的礼节，并替吴健雄、袁家骝夫妇敬献了花圈。吴健雄知道了这些情况深感安慰，若干年后，李政道博士回国讲学，她托李带钱给朱章绣夫妇（李政道是他们这批科学巨匠中最早被批准回大陆讲学的，他与吴健雄家住得很近，关系很好），感谢他们对其母亲的关照。

十年浩劫中的不堪岁月

"文革"以前，他们一家四口生活很安定，住在高邮路5弄内一栋花园式的公寓，平时丈夫上班，两个儿子袁弘建、袁弘式读书，她参加侨联、妇联和欧美同学家属联谊会的社会活动，整天不是开会就是活动，都忙得不亦乐乎。鉴于她在侨联和统战方面的突出贡献，她被选为市侨联委员会海外联谊会的理事，还多次获得了上海市、徐汇区，甚至全国有关部门颁发的奖状。除去"文革"中散失的不算，现在数数还有十几份，其中有徐汇区侨联、徐汇区妇联的，有市侨联、全国侨联的，还有市委统战部颁发的，这都给了她极大的鼓励，使她觉得自己没有白活着，自己对国家还是有用的。

但是"文革"一爆发，天下大乱，一切都颠倒过来了，原先的有功之臣一夜间变成了牛鬼蛇神。丈夫的单位几次三番地来抄家，不抄别的，专抄金银财宝，因为造反派也知道，他们并没有历史问题，而且袁卫还是一解放就从美国回来的爱国知识分子，这有国家当初颁发的证书为证；他们没当官，是技术干部，也不是什么当权派，也就没有什么所谓黑材料。但是，当初朱章绣娘家给的那些陪嫁珠宝就在劫难逃了，其中包括一只蚕豆粒大小、足有五克拉的火油钻石戒指，以及许多首饰，统统被抄走了。这些珠宝首饰原先她都存放在中国银行的保险箱里，她父亲也在中国银行租用了保险箱，存放珍贵的东西。造反派来抄家的时候，发现了他们租用中国银行保险箱的单据，于是顺藤摸瓜，押着朱章绣到中国银行打开保险箱，拿走里面所有的东西。她父亲那头也不放过，勒令她父亲把保险箱的钥匙从天津寄来，供他们去劫掠。在中国银行保险库，居然碰上了熟人刘靖基老先生，也是被造反派押解着去开保险箱的。他们打了照面，谁也不敢说话，装作不认识。

最初来的造反派还有登记，后来来的连登记也没有，也不知是什么地方的造反派，他们想拿什么就拿什么，朱章绣就亲眼看见有一个五金矿产进出口公司的造反派，拿了她的一对二克拉的耳环和一个钻戒放在自己口袋里，她自然是不敢吭声。最后，把他们的生活用品和家具也都统统搬走了，甚至动手掘地板，硬说他们在地板里窝藏了黄金……她祖父朱有济在海关大楼奠基时的纪念品、那把很有纪念意义的金抹子，就是在那时被抄走的。

1966年冬天，他们的工资都被冻结了，每人只发十几元生活费，连过冬的衣服都没有，还要去参加各种体力劳动。他们一家人被抄得连一只手表或闹钟都没有了，朱章绣每天早晨只能看天色叫一家人起床。她与里弄里一帮年迈多病的"牛鬼"，天天早晨"早请示"之后，就要上街扫地，清理垃圾死角，有时是集中在一个地方拔草，曾经有一次是被赶到永福路一户人家的花园里，去用斧子敲掉一个不知什么人的坟墓……体力劳动她不怕，那时她才四十来岁，身体还行，问题是精神上的侮辱受不了，什么"吸血鬼"、"寄生虫"各种"帽子"满天飞，而她曾经做过的许多工作却视而不见。常常是她正在扫地，造反派在一边嗑瓜子，嘴里不干不净，还故意往地上扔瓜子皮，一脸"翻身得解放"的猖狂……

那时亲戚们也无法来帮忙，因为亲戚们也都属于"牛鬼蛇神"，各自泥菩萨过河，自身难保。与她家同住一条弄堂的严淑英老人，那时已经七十多岁了，她是中国第一家银行中国通商银行首任董事长严筱舫的女儿，丈夫吴熙元是汇丰银行天津分行买办吴调卿的儿子，吴熙元的一个外甥女就是朱章绣的后妈。严淑英老太太本人是家庭妇女，没有做事，老了跟着女儿过，裹过小脚，走路不稳，仍旧被逼迫出去扫街，不久就去世了。

最令人不堪的是，他们夫妻还被关过"牛棚"。这个"牛棚"现在看来大概是上海顶顶高级的"牛棚"了，居然是在现在淮海中路乌鲁木齐路口法国驻沪总领事馆的那栋顶级的花园洋房。那房子当时是袁卫先生的单位——五金矿产进出口公司，楼底有很大的地下室，"文革"中竟成了造反派搞逼供信的"牛棚"。里面并没有床，几十个"牛鬼"席地而卧，袁卫的同事施济方、马仲文等都被关在这儿，有的有席子，有的连席子也没有，还要被造反派轮番一个个地"过堂"。那时造反派并不问什么政治问题了，而是专门盯着你的家产，追问还藏有什么值钱的东西。整整十天，因为地下室太潮湿，朱章绣夫妇都患了严重的关节炎，同时她作为家属，实在也交待不出什么事情，才放她回家。可是从此落下了关节炎的病根，至今不愈。说起来这栋房子原先的主人唐星海，跟她家还有一层亲戚关系——严淑英的侄孙女儿（即严幼韵的小女儿）就嫁给了唐星海的后代唐骝千。

接待袁家骝、吴健雄夫妇的日子

还没有到"文革"结束，1973年，他们的境遇突然发生了戏剧性的变化，原先被颠倒的生活，一下子又被颠倒了过来——原来是袁家骝、吴健雄夫妇要回国来讲

袁家骝、吴健雄结婚照

学了。

袁家骝、吴健雄夫妇是世界级的大科学家，又是周总理请来的客人，顿时把当时的统战部门忙个不轻。因为吴健雄博士的弟弟吴建豪已经在"文革"中被迫害致死了，为了挽回影响，统战部门决定立即改善他们其他亲戚的生活条件，尽可能让他们看到国家好的一面。袁家骝、吴健雄夫妇提出要见的亲属中，首先就提到了袁卫、朱章绣夫妇，这么一来，他们周围人的脸色一夜之间全变了，袁卫不是"牛鬼"了，朱章绣也不需要上街扫地了，被占的房子也立马归还了。

更有甚者，国务院直接派了专员南下上海，到袁家"慰问"，实际上是检查一下准备工作做得怎么样了。结果检查下来认为不行，穿的衣服太破旧，住的房子也太破旧，这让人家看了，国家太没面子……

然而这好办，"突击治装"、"突击装修"就是了，这方面的本事还是有的。当时刚刚被"解放"了、恢复工作的市委老干部、统战部部长韩仰山说："那就赶快把冻结的工资发还一些吧，叫他们做点新衣服。"于是，先"冰释"了三千元袁卫先生的工资，作为"治装费"和添置家具的费用，因为家里实在是空空如也，连床都没有，家里可以骑自行车。但房子自己没法修，只得靠房管所，这时离袁家骝夫妇到上海只差一个星期了，房管所急了，派了大队人马，刷墙的、铺地板的、排电线的，一窝蜂地全来了，弄得袁家人连站的地方都没有……

袁家骝、吴健雄夫妇终于回到上海了。第一次回来时住在瑞金宾馆（当时是市委招待所），学术演讲是在锦江小礼堂。那时的政治气氛还是"四人帮"的一套，虽然是周总理请来的客人，但是在上海还是倍受监视，他们与亲戚们见面，旁边总有人"陪同"。他们问袁卫和朱章绣日子过得怎么样，都不敢说话，只能战战兢兢地说："挺

袁家骝、吴健雄回国探亲,左二、三是袁卫、朱章绣夫妇

好,挺好……",吴健雄看出他们的尴尬,又想起自己的弟弟,难过地直抹眼泪。她非常怀念自己的家乡,提出要回太仓看看,袁卫、朱章绣等陪他们来到太仓浏河,当她看到自己父亲创办的明德学校现在还在时,非常高兴,后来就捐献了一百万美元给该校扩建校舍,袁家骝还从台湾带来多台计算机供该校发展计算机教育。

周总理对他们的接待非常隆重,当时周总理正在陪加拿大总理贺鲁多在外地参观,特意赶回北京接见并宴请他们。宴请时把我国一流的科学家几乎都叫来作陪,其中有钱学森、张文裕、茅以升、周培源等等。

袁家骝、吴健雄在与袁卫、朱章绣私下聊天时,曾提出,想回河南老家看看,给老人上上坟……话一出口,把朱章绣吓得个半死。那时是1973年,"文革"还远未结束,"左"的路线仍占统治地位。你袁家老人是谁?是袁世凯呀!早就批判了几十

第五章 朱其诏的曾孙女朱章绣

周恩来总理接见袁家骝、吴健雄

年了，坟有没有还不知道，说不定早就被造反派给扒了，赶紧对他说："算了，算了，趁早别去了！"她心想，去给袁世凯上坟？这是多大的罪名呀！你们海外华侨知道什么？说不定你们前脚走了，我们后头又要遭殃了。但是又不便于明说，因为他们见面说话，身边随时都有人监视的。

袁家骝自然弄不明白，给祖宗上坟怎么了？在周总理接见他们的时候，他熬不住还是把这个要求提了出来，想不到周总理居然同意了！不仅当即答应了，还说："应该去。你爷爷是政治家，你父亲是文学家，你是科学家……"周总理这么一说，那就没有问题了。到了河南，当地也是隆重接待，宴会之后还好心地安排了看折子戏，是常香玉出来唱河南豫剧，可是吴健雄听不懂，也许她这些天实在太累了，听着听着，睡着了。

回到上海，公家安排的活动差不多了，袁家骝、吴健雄夫妇就设宴款待亲属，他

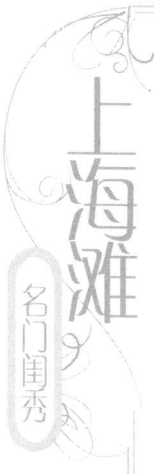

吴健雄夫妇首次回国在国际饭店宴请亲戚

亲爱的章绣:

去年十二月七日晚上,我们由纽约启程去香港。因时差在纽约与香港间有十三小时之多,而使直航在空间无形间仅有十九小时,故到达香港时已是九日下午了。我们是接受了马临校长的介绍而去为香港理工大学主持刘永龄先生的过奖善善典礼,这实验室是运用新的宝贵之实验室的揭幕典礼,这实验室是运用电脑来襄助设计及制造之程设备的。

我们希望在这机会可以参观中文大学并借此普通的旅游和观光,在十二日前后可以去台北参加两个早已决定的会议一个是从十六日至二十一日举行的中央研究院的同步辐射研究中心的指导委员会,另一个是从十六日至二十一日举行的中央研究院院士会议,可以在廿三日赶回纽约过圣诞佳节或是阴历过年。又因为当时美的关系绘得是落后或是阴历过年。又因为当时美的关系绘得是落后或是西历过年。所以从台北启程,又道经东京到纽约。

在准备如此远途的旅程前又还很难得有时庆在美国菲佛这个家务缠身的人,因此不得不开始一个外的老年人耳觉送有时间上床睡觉这辆又是非常疲劳不堪加上二十多时继续长途飞行惯坏了的人,所以沿途印象不深,但比出门的人不介意常会休息匆匆,到十六日下午胸部的闷胀疼痛更是剧烈到那时庆忙才表示当晚不能加入我们一起去晚餐,他我们的主人刘先生立刻由电话通知了他的医生至请他和护士在诊所指待同他。

吴健雄给朱章绣、袁卫的信

们不断地询问情况，包括已经过世了的老人情况。可是他们所有的活动还是在"四人帮"的监控之下，有个叫张振亚的上海市委委员，是"四人帮"的人，一步不离地监视在旁，他丝毫不懂做人的规矩，仅仅监视也就罢了，还总是过来干扰："你们在说什么啊？""你们说的是谁啊？"别人都吓得不敢吭气了，吴健雄生气了，回击道："我们在拉家常，与你无关，你不要插嘴！"

从那次以后，袁家骝、吴健雄夫妇先后六次回大陆讲学或探亲，期间还专门来到高邮路5弄的袁卫、朱章绣家里探望。看到他们的小儿子袁弘式功课那么出色，数学竞赛全市第一名，就主动建议他到美国去深造。后来由吴健雄向西雅图华盛顿大学推荐。现在袁弘式早已学成毕业，担任了大学教授。大儿子袁弘建也赴美留学，在密苏里州立大学获硕士学位，现在是电脑工程师。

至今仍惦记着那把金抹子

一晃又是好多年过去了，"四人帮"被打倒了，国家走上了改革开放的康庄大道，周围的人们也有了很多变化——吴健雄于1997年病逝了；袁家骝于2002年病逝了；朱章绣的丈夫袁卫三年前也病逝了。儿孙辈都先后留学和工作，各自事业有成，如今家里只剩年已八十三岁的朱章绣一个人了。儿子孝敬她，为她买了新房子，搬进了沪西一栋高层公寓；里弄干部也照顾她，帮她安排了钟点工打扫卫生，为她联系好医院和医生，方便她看病配药；国家也没有忘记她，前几年全国侨联还发来了奖状，表彰她这些年来所作的贡献。她的几个同父异母的弟弟也都工作、生活得很好，大弟弟朱章寿是鞍山钢铁公司的高级工程师，曾任辽宁省驻俄罗斯远东全权代表；二弟朱章皓是长春第一汽车制

晚年朱章绣、袁卫

朱章绣、袁卫夫妇宴请袁家骝、吴健雄

造厂的干部，曾任该厂驻深圳分公司的经理；三弟朱章源是呼和浩特市农业机械研究所和农业机械制造厂的高工、党委书记；小弟朱章淳在天津从事进出口业务。

按说她此生无憾，没有什么心事了，可是她仍有一件事放心不下。

笔者第一次走进她那漂亮的客厅时，她非常高兴，她以为当记者的本事可以通天，无所不能，几句话以后就提起了那把"文革"中被抄走的金抹子。她说那可是一件很有意义的文物，不光是值钱的问题，希望记者和报社帮助继续查找，找到后捐献给国家……算算日期，1966年天下大乱时，笔者才读初中一年级，如今陵谷兴替，人事全非，要去找回四十多年前的一件抄家物什，无疑大海捞针。但又不忍心扫她的兴，老人家是那么相信记者，像相信报纸一样相信记者……

"试试看吧……"

不知她有没有听出我话里的言不由衷。

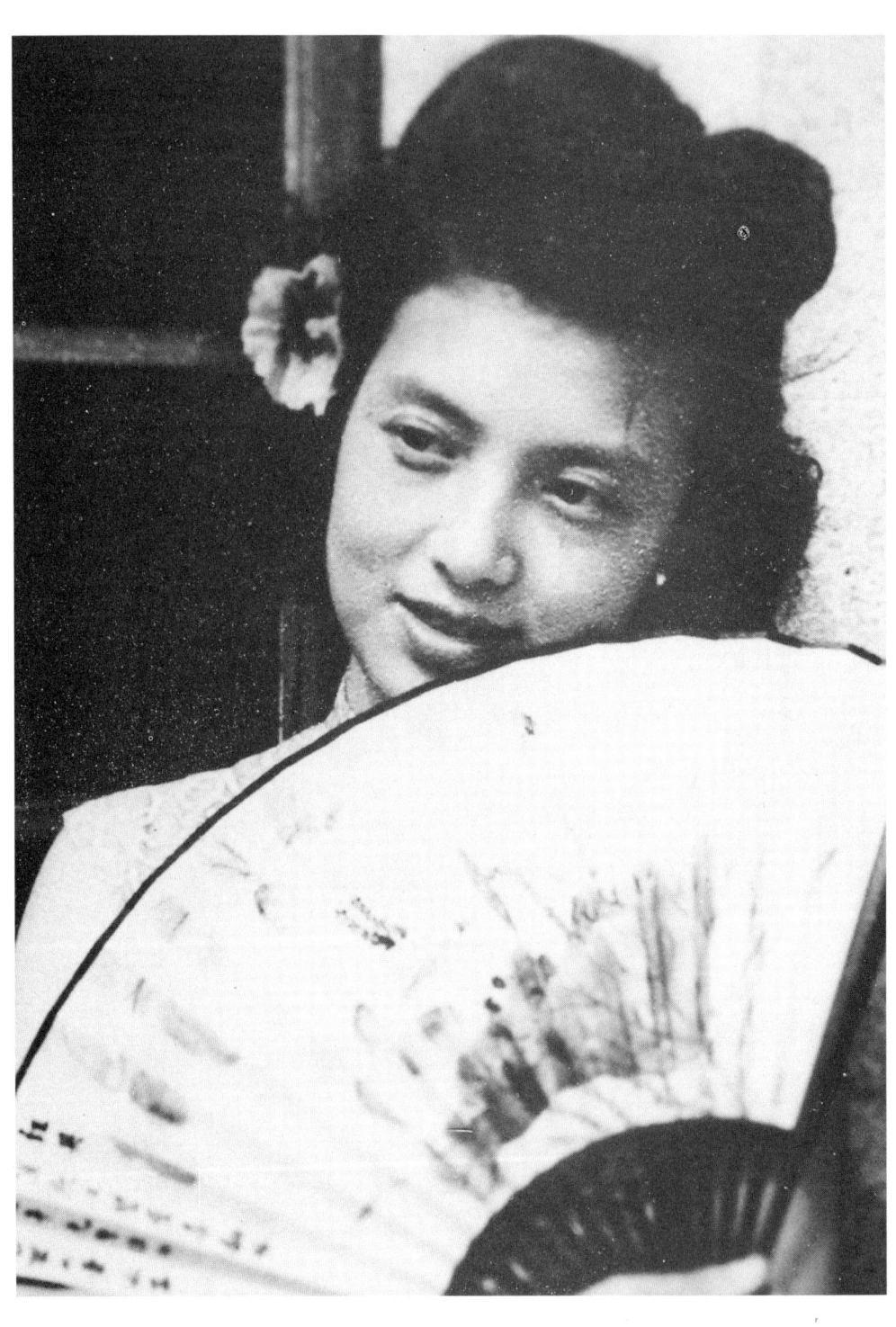

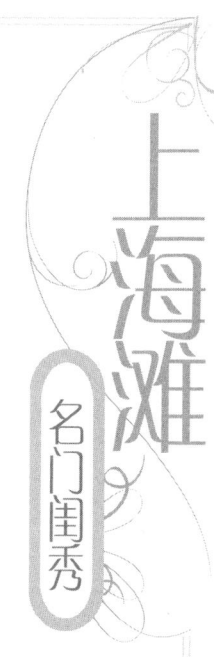

第六章
任道镕的曾孙女任永恭

- 宜兴任家的老人老事
- 聂氏家族的孙媳妇
- 姐弟俩都是锦江饭店的元老
- 梅兰芳先生的入门弟子

宜兴任家的老人老事

宜兴任家是江南著名的大户人家。祖上读书做官,骑马打仗,为清廷立下汗马功劳,朝廷赐以办盐的肥缺,由此发家。

任永恭的曾祖父任道镕(字筱沅)当年是李鸿章的哥儿们,拔贡出身,跟李鸿章一样,原在京城当官。太平天国打到江南时,他也是被朝廷赶回老家办团练的文官之一。李鸿章同治年间剿捻,他成了李氏麾下的一员骁将。《清史列传》中表扬他:"(同治)二年,擢直隶顺德府知府,时捻氛北窜,顺德适当其冲。道镕勇督驻守沙河,挥众突击,破悍贼,获其酋朱学孟,贼遁去。以防剿功,升道员,加盐运使衔,赏戴花翎。方军兴时,客兵过境络绎,道镕择适中地,备粮转运,使无缺乏,而民亦不扰。"讲的全是优点,没有缺点。

任永恭曾祖父任道镕(左四)在衙门里

第六章 >> 任道镕的曾孙女任永恭

任永恭（中）与父母和姐姐

他还是一个治河能手，洛河在他的主持下，疏浚畅通，得良田万亩，因此后来还当过河道总督。同治十年他当直隶保定府知府时，李鸿章是直隶总督，正是他的顶头上司，对他印象不错。光绪七年他升任山东巡抚（相当于山东省长），二十七年又调任浙江巡抚，一路青云，无灾无难，想必一方面是由于本人努力，办学堂，治武备，赈恤灾区，政声挺好，另一方面与老李的"边鼓"，恐怕也不无关系。

任道镕与李鸿章挺投缘，后来就成了亲家——李鸿章把小女儿李经溥嫁给了任家的九公子任德和。婚后他们先是住在苏州铁瓶巷，那是任氏家族在苏州的大本营，抗战爆发后为避战火，搬到上海静安寺的愚谷村，任永恭等任家后代们管他们叫九公公、九婆婆。当然这是按任家的名次排法，若按李家的排法，李经溥大排行老六，所以李鸿章的曾外孙张爱玲等还是按照李家的排法，叫她六姑奶奶。

任永恭（右三）小时候与姐妹，左一是家中丫鬟

旁人有些不大理解的是，这位六姑奶奶居然比六姑爷爷大六岁。而张爱玲的祖母，即李鸿章的大女儿李经璹，则比她的丈夫张佩纶小二十来岁。

关于李鸿章两个女儿的婚事，张爱玲在文章中引用她姑姑的话，说得很刻薄——"我姑姑又道：'这老爷爷也真是——！两个女儿，一个嫁给比她大二十来岁的做填房，一个嫁给比她小六岁的，一辈子嫌她老。'"（《对照记》）其实老李有老李的标准，未必与常人一样。

不过任德和这个李家的姑爷性格有些怪癖，的确有令人喷饭的历史记录。任文若老人（盛宣怀的孙媳妇任芷芳的弟弟）回忆说，任德和住在苏州的时候，家中有钱，并不做事，有名士派头，他对穿着并不讲究，走在马路上谁也看不出他的身份，但说起话来从不肯饶人，一辈子端着贵族的架子。

第六章　任道镕的曾孙女任永恭

母亲父亲

有一天他一个人在苏州观前街上蹓达，看见一家店里刚进货了一套消防水龙头，当地人称之"火龙"。因带着长长的管道，在店堂里摆了一地。他从旁边路过觉得好奇，就凑上去看。店伙计势利，看他穿得随随便便的，还以为是个穷人，就拿话逗他："看什么看？有本事花钱买回家去！"

任德和大少爷一个，哪里听得这种话？"你当爷爷我没钱买吗？老子买给你看看！"回家就叫账房开了支票，去把"火龙"买了回来，在客厅里堆了一地。其实买回来什么用也没有，就算是家用消防吧，光有水龙头有什么用呢？那时他家还没自来水呢！花了那么多钱，就是为了赌气。久之，"任德和买火龙"就成了一个大笑话。

除了李家之外，任家还有一门阔亲家，就是李鸿章最得力的洋务幕僚盛宣怀。自然，任家与盛家攀亲时，盛宣怀早已去世了，是盛宣怀的孙子盛毓邮娶了任家小姐任芷芳，任永恭管她叫姑妈。那任芷芳与任永恭一样，是上海滩数得着的大美人，现在已经九十多岁了，仍旧皮肤白净，轮廓清晰，举手投足，不偏不激，全然大家闺秀的做派。

跟上海有关的任家名人，还有一个叫任凤苞，盐业银行上海分行的经理，还是著名的京剧票友；另一个是远房的任道援，也是个能人，可惜后来投了伪，出任汪伪政权的海军部长，任家人提起他来都觉得很没面子，很没劲的。

P.117

任永恭的祖父原在江西当县官，后来成了京官。父亲任家丰是个外交官，在北洋政府时期出任中国驻日本公使。他和夫人都是日本留学生。他们有五个女儿、一个儿子。五个女儿名字的最后一个字，按古老中国的传统美德"温良恭俭让"排名。任永恭，因排行老三而得名。

聂氏家族的孙媳妇

任永恭1917年生于北京，小时候跟父母生活在北京的一个大四合院里，父亲担任驻日公使时，把他们姐弟带去日本读书，所以她英语、日语都很好。抗战爆发前他们迁居上海，在上海西区的一栋花园洋房里过着优哉游哉的生活。她的第一份职业是教师，曾在上海培成女子中学、上海锦文机绣缝纫学校、上海新华补习夜校任教。她从小喜欢京剧和美术，艺术上悟性很高，1943年拜梅兰芳先生为师学梅派戏，是梅先

聂光琦、任永恭夫妇与聂家老祖母曾纪芬

任永恭、聂光琦结婚照

第六章 任道镕的曾孙女任永恭

生的入室弟子。除了学戏，中学毕业后她还进修过美术，平时常在一些有名的书画家之间走动，跟他们学画。这两种爱好她保持了几十年，晚年她笔下的牡丹花卉已经大家抢了。

任永恭身段苗条，气质高雅，又是大户人家出身，前来说媒的亲戚朋友不知有多少，最终与晚清上海道聂氏家族的聂光琦先生结为伉俪。

聂家是湖南人，老太爷聂缉椝是甲午战争之前的上海道，还当过晚清最大的军工企业江南制造局的总办（总经理），官至浙江巡抚。聂光琦

青年任永恭

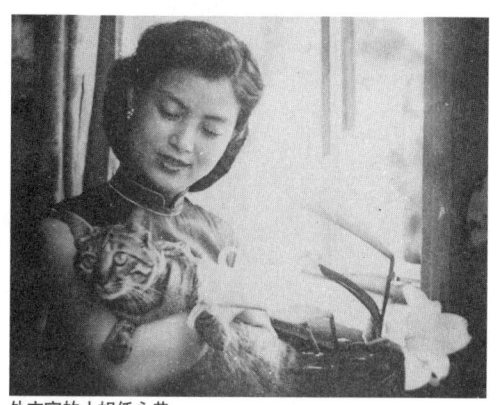
外交官的小姐任永恭

的奶奶是曾国藩最小的女儿曾纪芬，世称崇德老人，是民国时期著名书法家。聂光琦本人圣约翰大学毕业，一表人才，文艺体育样样来事，是聂家老六聂潞生的儿子，大学毕业后在聂家的家族企业恒丰纱厂任职。

他们夫妇男才女貌，相亲相爱，人人称羡。婚礼在国际饭店举行，聂家包下了14楼一层楼面，八方亲友均来贺喜，一时南京路上路途为塞。新郎官一脸春风，新娘子长长的婚纱一直拖到门口，婚礼之盛，在上海滩也是数得着的。

任永恭的婚纱照

姐弟俩都是锦江饭店的元老

解放后,任永恭来到上海市政府下属的锦江饭店工作,任服务科科长,负责宾馆的室内装饰设计工作。锦江饭店是上海的第一个国宾馆,1951年6月9日正式开张。当初仅仅利用原华懋公寓的一栋楼,即上海老百姓所说的十三层楼,后来逐步扩大到十八层楼和炮台楼。任永恭和她的弟弟任百尊都是锦江饭店初创时期的人物。

任永恭、聂光琦夫妇

任百尊担任了锦江饭店第一任总经理,在那"激情燃烧的岁月"里,日理万机,负责接待过往上海的国内外最重要的贵宾。任永恭是下属,实际上是锦江饭店的艺术总监,客房的艺术装潢和物件配置,包括家具、卧具、沙发、窗帘的色彩搭配,还要根据各种风格、颜色的家具,相应地在墙壁配上适当的图画等等。忙了几年锦江饭店后,她又被派去筹建华侨饭店的工作,仍旧是发挥她的艺术特长,分管室内各种风格的艺术装饰。

50年代初,新中国百废待兴,一切工作都是日以夜继。锦江饭店一开张,就异常繁忙,任务往往是一个接一个。他们房屋还没粉刷完毕,地毯还没来得及铺上,世界学联的代表团(锦江饭店接待的第一批外宾)就已经下飞机了。外宾有时候一来几十个,或者上百个,常常是上级一个电话打过来,说是客人立马就到,饭店从总经理到厨师、司机、服务员都立即闻风而动……

干这种服务性的工作并非任永恭擅长,她从小当小姐,在家都是由佣人服侍的,现在要去服务别人,整个儿地弄颠倒了。但是她很明白,解放了,大家都是社会的普通一

任永恭、聂光琦夫妇

员,都应当服务社会,这是自己的职业,是革命工作,那就必须服从革命需要。

她从小学过美术和京剧,擅长国画,对于色彩的和谐搭配,感觉敏锐,尽管这样,平面艺术和立体艺术还是有不少差距,她只得想方设法自学,向行家请教。久之,也成了老法师了。

60年代初,上海为毛泽东主席建造宾馆(那时叫414招待所)。如何把毛主席的书房、客厅和卧室布置得既舒适、适用,又典雅、美观,她费了不少脑筋。毛主席用的枕头里面装的是干绿豆壳儿,这样可以清火,使头脑清醒,但是她发现这样很容易发出沙沙的声响,或许会影响睡眠。如何解决这个矛盾,她作了很多次试验,一改再改,终于把这个非凡的枕头给"摆平"了,主席感到很满意。

1959年,中共第八届七中全会在锦江饭店召开。这次会议有中央和地方的各级领导二三百人参加,仅十三层楼一栋楼不够了,于是有关领导决定,会议在锦江小礼堂开,住宿在十八层楼,即现在的贵宾楼。可是那时十八层楼里都还住着人家呢,而且基本都是民主人士、工商业者和高级知识分子,如周谷城、孙大雨、孙仲立等。为了开会,只得动员住户们搬走,另外安排住处,马上把房间腾出来。

那时讲究一切行动听指挥,党中央要开会,要用房,谁也没有话说。可是房间腾出来了,到哪里去找上百套红木家具?结果任永恭发现旧货市场上有半新的旧货,也有保养很好的八成新的红木家具,于是就和职工们没日没夜地去"淘",还要尽

第六章 任道镕的曾孙女任永恭

可能地配套。那时正是柯庆施提出搞什么"城市人民公社"的时候,一些有钱人家见形势不好,纷纷卖掉家当往境外跑,所以旧货市场上高档消费品一时堆积如山,而且价钱也很便宜,一百元钱就能买到一套很像样的红木家具。任永恭与同事们的功夫没白费,她们很快就把十八层楼给"武装"起来了。更令人高兴的是,还"淘"到一套镶嵌了彩色贝壳的红木桌椅,暗紫色(据说是紫檀木的),非常名贵,后来就安排在周总理住的房间的客厅里。

夫妻二人在家门口

跟所有的大家闺秀一样,任永恭在后来极左思潮占上风的时候,也受到了不公正的待遇,"文革"中被下放劳动数年,受到非人的虐待,直到粉碎"四人帮"以后才又回到工作岗位。她非常珍惜改革开放后的大好形势和新的工作机会,抓紧时间著书立说,把自己的经验传授给年轻人。她翻译了二十余万字的《日本菜谱》,为酒店业的专业书《饭店服务知识》撰写了"室内装饰"一章,还撰写了《饭店装饰布置》和《插花艺术》等著作。她为锦江饭店画了十几幅国画,还邀请其他名画家为锦江集团所属的酒店绘画。1995年,她被上海市人民政府聘请为上海文史研究馆馆员,还担任了欧美同学会理事、梅兰芳学会理事、留日分会上海会长……只要是对国家、对工作有利的事情,她永远乐意去做。她勤勤恳恳、任劳任怨地工作了几十年,从无怨言。

任永恭1956年演出剧照

梅兰芳先生的入门弟子

任永恭从小喜欢唱京戏，对梅兰芳的戏尤其着迷。当年家住北京的时候，常常跟着母亲去参加亲戚朋友家的堂会。北京的堂会场面远非上海可比，大户人家隔三差五地总要办堂会，过年过节办堂会自不用说，老人孩子过生日，谁家娶媳妇，谁家来了什么重要的客人，谁家老太爷又有什么升迁，或是有什么值得庆祝的事情等等，都要办堂会，所以北京的京剧名角的确是忙得可以，京剧的繁荣势在必然。

任氏家族几乎全是票友，任永恭的父亲母亲、外公外婆、兄弟姐妹，甚至堂房兄弟姐妹均会唱戏。遇到喜庆佳日，除了请名角，他们还会在自家花园里搭个简易的戏台，大大小小粉墨登场。这在当时文娱生活相对缺乏的时代，的确是个自娱自乐的好办法。

任永恭对于别的角儿并不太上心，有时还要打瞌睡，但是一旦听说梅兰芳出来了，她的精神头就来了，眼睛就随着那一招一式滴溜溜地转，深更半夜也不觉得瞌睡。后来她家搬到了上海，抗战中梅兰芳先生一家也到了上海，就有了登门请教的机会。

那时梅先生蓄胡明志，不再登场，但是家里像个京剧沙龙，每天都有票友、戏迷前来请教、聊天或打牌。同是在法租界住，任永恭也经亲友介绍，成了马斯南路梅家的常客，与梅葆玥、梅葆玖均相知甚深。她有心跟梅先生学戏，但是碍于旧时大家族的规矩，家里老人不

任永恭1956年演出《霸王别姬》剧照

梅兰芳的女弟子任永恭

让她正式拜师，但是梅先生见她求艺心切，还是收她为私淑弟子，为她细心讲解梅派戏的精华。其中《苏三起解》一戏，她是得到梅先生的真传的。所以在后来许多重要的票友汇演中，她最拿手的戏就是《苏三起解》。

她演《苏三起解》出了名，以至于"文革"时期的造反派也知道了，还找过她麻烦。

她在锦江饭店和市府交际处工作期间，也担任一部分中央和地方高级领导的接待工作。60年代初，王光美和罗瑞卿的夫人出国之前，在上海治装的时候，领导要她陪同她们去买衣料，还要配衣服上的花边等，她积极为之当向导和参谋，买衣料，找裁缝，选式样，做成的衣服她们很满意。就是这么点事，根本就是工作上的事情，但是"文革"中造反派问起来没完没了，他们就希望能挖出个什么美女特务之类的大案件，他们可以到"四人帮"那里去邀功。

第六章 任道镕的曾孙女任永恭

任永恭与女儿、孙子

有一天又要对她审问了,工宣队、军宣队、造反派都来了,的确是三堂会审。那造反派竟对她说:"你不是会唱《苏三起解》吗?今天我们就对你三堂会审!"气得任永恭火冒三丈!

数十年间,任永恭业余一直从事梅派京剧艺术的研究和实践,在票友中享有盛誉,还热心向青年戏迷传艺,积极组织票友们演出和排练。她长期担任梅兰芳研究学会的常务理事、上海剧协梅兰芳艺术研究专业委员会的领导成员,还是上海文史馆馆员。她家的客厅长期以来就是一个京剧沙龙,每周三次,有胡琴,有月琴,有打鼓,非常热闹,一出戏等练得差不多了,他们就联系舞台,粉墨登场。后来任永恭年迈多病,不能再唱了,她家的客厅也风光不再,可是朋友们都还惦记着她,非常怀念在她家度过的那些愉快的时光。

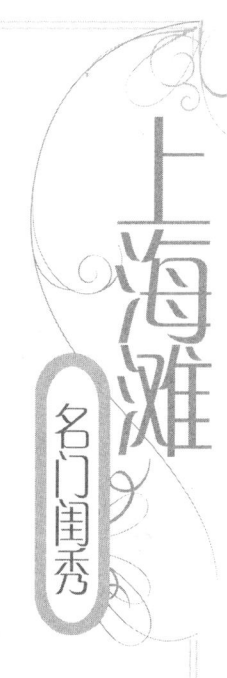

第七章
刘秉璋的曾孙女刘德曾

- 百来年名人辈出的大家族
- 朝气蓬勃的学生时代
- 激情燃烧的岁月
- 大风大浪中的磨难与爱情
- 『潘杨冤案』带来的如磐重负
- 风雨之中不低头
- 雨过天晴获新生

百来年名人辈出的大家族

刘德曾的曾祖父、晚清四川总督刘秉璋

刘德曾的父母刘滋生、龚令琼结婚照

近百年来,上海滩活跃着几个著名的安徽籍大家族,影响最著的要推李鸿章家族,其次要算刘秉璋家族。刘秉璋是李鸿章麾下的淮军大将,会打仗也有功名,是淮军中李鸿章之外的唯一进士,官至四川总督,还是中国近代史上唯一一次反侵略胜仗——中法镇海战役的指挥者。刘家与李家,不仅有战场上的友谊,还是儿女亲家。据他们的后代统计,三代人之间通婚联姻者达七门之多。

刘秉璋有五个儿子,原先在四川、天津、南京等地从政或经商,辛亥革命后,看大清王朝完蛋了,他们陆续来到上海,从此在上海扎了根。刘德曾是刘秉璋第二个儿子刘体仁的孙女,生于1928年。

百年家族,树大根深。要列数刘氏家族百年来的著名人士,可以排出一个长长的名单。由于豪门联姻,其庞大的亲缘关系,客观上把他们都"网络"到了一起,刘德曾的亲属关系就十分复杂。她的祖母是淮军悍

第七章　刘秉璋的曾孙女刘德曾

童年时代的全家福，右一刘德曾，左四刘庆曾

将张树声的女儿，她与近年来被媒体反复关注的"合肥四姐妹"张元和、张允和、张兆和、张充和是表姐妹（她的祖母与"合肥四姐妹"的祖父是姐弟）。她的外公是福州望族龚家的后人，福州城里著名的三山旧馆即是龚家老宅，曲径通幽，美轮美奂，解放初是福州市政府交际处的招待宾馆。她的外婆杨韵芬是无锡望族杨氏家族的大小姐（非常聪明，擅长绘画、刺绣和制作模型，手艺堪称全国一流。她熟读了《红楼梦》，根据书中所说的大观园景观和人物特征，曾用纸板和粘土制成《红楼梦》大观园模型，惟妙惟肖，曾在福州、天津、上海展出，获得一致好评）。刘德曾的外婆的妹妹（七姨婆）是民国名媛杨令茀，著名旅美女画家，去世后，后人遵其遗嘱，将大批名画运回中国，捐赠给故宫博物馆。她外婆的哥哥是曾任北洋政府财政次长的杨味云。杨味云的儿子杨通谊娶了荣德生的女儿荣漱仁为妻，所以她家与荣家也是亲戚。

刘家本家的名人也不少，刘德曾的祖父辈都曾风光一时——大伯祖刘体乾是北洋政府时期的四川省省长（那时叫宣慰使），娶了李鸿章的侄女（李昭庆的小女儿）；三叔祖刘体信（字声木）是古典文献学家，所藏《离骚》版本之多、之精，被郭沫若誉为海内之冠，他先娶淮军名将吴长庆的女儿为妻，继室是两江总督周馥的女儿；四叔祖刘体信（字晦之）是中国实业银行的总经理，著名收藏家、藏书家，娶大学士孙家鼐的女儿为妻；五叔祖刘元之娶的是闽浙总督卞宝第的女儿，与李鸿章的小儿子李经迈是连襟。刘德曾自己的祖父刘体仁是晚清举人，因厌恶官场而少有升迁。另外，刘秉璋还有几个女儿，大女儿和二女儿先后均嫁李鸿章的大儿子李经方；李经方的女儿李国华后来又嫁给刘家的一个孙子刘济生……刘德曾的父亲也是"生"字辈的人，名刘滋生，在他们大排行的十九个堂房兄弟中，排在第四。

朝气蓬勃的学生时代

刘家的家风历来重视后代读书，男孩女孩都一样。刘德曾的父辈不是留学生就是教会大学的学生。她的二伯父、三伯父都是留美学生，读建筑，父亲刘滋生（字子树）圣约翰大学历史系毕业，在南开大学教过历史，后来在上海金融界、实业界任职，曾任启新洋灰公司驻上海销售处的经理。在圣约翰读书时刘滋生与邹韬奋是同班同学，关系很好，后来看到邹韬奋经济拮据，就请他来刘家辅导两个弟弟功课，以此作为贴补，地点就是现在新闸路上的小校经阁——刘家四老爷刘晦之的藏书楼。

刘德曾从小生活在洋派的家庭环境中，又读洋学堂，见识多广，性格活泼，思想开通，对新事物领悟很快，加上有姐姐作榜样，她很快成了学生中的活跃分子，唱

第七章　刘秉璋的曾孙女刘德曾

1946年中西女中高中毕业集体照，前排左五刘德曾

歌、演话剧、自编自演文艺节目、编辑印刷学生杂志，课余时间排得满满的。中西女中的教育方针是德智体全面发展，除了功课抓得很紧（除了语文、历史课之外，全都用英语上课，每周有测验，每月有考试），体育活动和学生课外文体活动也安排得很多，比如每天中饭前，都有一刻钟学生自编的文艺节目演出，各个班级轮流在大礼堂里上演。仅此一项，就把学生干部们忙得团团转，因为大家都想别出心裁，都想争第一。

　　她读中西女中时已是抗战时期，日本鬼子进入上海租界，把她们美丽的校园占领了，把欧美籍的教师都关入集中营。在送别这些老师的时候，同学们都汇聚在校园里，大家抱头痛哭，夹道挥泪送别。不久，她们被迫迁到华山路一栋房子里上课。由于校舍紧张，学生只好分成上下午班，每天只上半天课，整个学习生活的氛围完全变了。这令她感到非常震惊，她第一次亲身感受到了，国家的命运原是和自己的生活紧密连在一起的。

在学生剧团演出剧照

在学生剧团演出剧照

她的大姐刘庆曾在工部局女子中学读书，也是一位非常有才气的学生积极分子，在地下党组织的影响下，上街搞宣传、搞募捐、演活报剧《放下你的鞭子》，救护伤病员，积极投入了抗日救亡的宣传活动。她还计划跟一些进步青年一同到延安去，暗地里自己在做准备。但是这个计划被她们的妈妈发现了，父母为她的安全考虑，坚决不同意大小姐离家出走，开始限制她外出活动。恰好这时有位男青年追求刘庆曾，为了拴住大小姐，当父母的立马答应了，条件是两个人都必须留在上海，不许到外地去。但是刘庆曾继续用自己的方式支援抗战，她把公婆给她结婚的聘金三千大洋，全部捐给了抗战。

年轻人要积极投入到抗日救亡的洪流之中，这在刘家小姐中逐步形成了共识。刘德曾的一位堂姐成功地从家中走出，奔赴了延安。

刘德曾的大学时代是在圣约翰大学度过的，就读英语系，由于在中西女中基础打得好，读起来很轻松，考试随意就可以应付了。圣约翰有很多学生"团契"，文艺的、体育的、宗教的、学术研究的，刘德曾都喜欢参加，学校也鼓励学生从事业余团契活动，培养学生的多种能力。她参加较多的是一个叫ROYAL CLUB（皇家

第七章 >> 刘秉璋的曾孙女刘德曾

与同学在学校大草坪

俱乐部)的团契,这是中共地下党的外围组织,里面有不少地下党员,如王裕之(诗人于之)、朱启祯(解放后任外交部副部长)、汤兴伯(解放后任中国驻纽约领事馆总领事)、鲁平(解放后任港澳办主任)等人,当时都是这个团契的骨干成员。刘德曾聪明伶俐,活动能力非常强,业余常忙于写作、演戏、聚会、编辑报刊,但这些并不影响她的学业,后来索性就转到了新闻系,在黄嘉德、梁士纯等教授的指导下,取得了优秀成绩,毕业时门门功课都是A。由于圣约翰大学实行学分制,她只用了三年半时间,就积够了学分毕业了。

这期间,中共上海地下党领导的进步学生运动"反内战、反饥饿、反迫害"正如火如荼地展开。圣约翰大学学生中的中共地下党党员,有意识地在圣约翰原有"团契"的

在圣约翰大学校园

圣约翰大学毕业时刘德曾与系主任黄嘉德老师合影

基础上,组织各种形式的活动,团结和争取大多数学生倾向进步。当时的主要领导核心是学生会。刘德曾一向热情高,能力强,自然成了地下党争取的对象。与她经常联系的地下党员有王裕之(诗人于之)、卢粹持、胡洪范等等。还有一些进步青年教师,如潘世兹先生,思想进步,支持学运,每次集会演说都情绪激昂,极富爱国热情也深受进步学生的爱戴。但是学校里也有三青团和军统特务分子在活动,与中共地下党争夺青年,他们对进步学生进行盯梢,围攻,恶言攻击,甚至开列黑名单,秘密逮捕。但是,越是这样,刘德曾等越是看不惯他们。读书生活不再平静了,充满了火药味。

1948年三大战役一打,形势就更紧张了。浙江大学"于子三事件"爆发,在全国学界引起了极大的连锁反应。刘德曾参加了地下党在学校举行的大型集会和罢课等活动,抗议国民党当局对进步学生的迫害。上海解放前夕,她和同学们一起深入工厂发传单,教唱革命歌曲,宣传党的政策,号召工人们保护好工厂,迎接上海解放。那段时间,她虽然还不是共产党员,但是她的心已经和党紧紧贴在一起了。

激情燃烧的岁月

1949年5月上海解放了,面临新的局面,一些进步的同学纷纷南下北上,参加了革命工作,还有很多同学在观望,有的先找一个临时性的工作做起来,如到人家家里当家庭教师。刘德曾对参加革命工作非常向往,年底,她大学毕业了,这时学生会号召毕业生参加革命工作,因新生的人民政府正需要大学生。刘德曾与同班同学卢玲玉、王润身等六人,毅然前去报名。接待她们的工作人员听说她们是圣约翰毕业的,英语很好,高兴极了,立马叫她们到交际处去报到,因为当时懂外语的人太少了。

1950年初,适逢碰到国民党"二六"轰炸,中央请来一些苏联军事专家来帮助建立雷达站,她们就被派去接待这批专家,临时被编入了防空司令部的后勤部队。当时专家们被安置在百老汇大厦(今上海大厦)以及郊区的几个地方,为之服务的工作人员也全都住在上海大厦,生活上半军事化,待遇上是供给制,每月只发二元多零花钱,吃的是大灶饭,穿的是军装。但是刘德曾全然没有考虑这些,面对全新的环境,全新的任务,一想到自己正在人民最需要的岗位上,就充满了工作激情。

50年代是激情燃烧的岁月,工作忙得没日没夜,没有星期天,连续几个月回不了一次家。单位里大学生少,遇到什么事人们总是说"叫两个大学生去",所以她们两个一天到晚总有忙不完的事情。苏联专家的工作地点在龙华、江湾和虹桥机场,那里也就成了她们的工作重点,不仅要安排好一日三餐,安排好日常生活,周六晚上要接一些女青

解放初整天忙于工作的刘德曾

年来大厦参加他们的舞会，周日还要安排他们购物及文娱活动。苏联专家上街购物那时还有一个安全问题，于是就联系一些信誉较好的商家来上海大厦摆摊，当临时商场。看看仅一场舞会，可是从人员选拔（要求基本是团员）到制定纪律、安排车辆，都要刘德曾与各个部门协商解决……

当我们自己的雷达架起来的时候，适逢一架国民党的飞机飞过来，一下子被击中了，大家激动得欢呼起来。亲眼看到我们的雷达大显神通，刘德曾多日来的劳累全忘了。接待苏联专家的任务完成后，市委交际处又把她们两个要回去了，因为她俩太鲜活靓丽，太积极认真，几乎没有什么事能难倒她们，在机关里已经很出名了。

那时交际处的工作范围很广，不仅要接待外宾，还要接待上级来沪的领导、华侨、少数民族代表和一些国内著名的民主人士，如宋庆龄、黄炎培等。那时社会主义阵营国家的著名演出团体也常来沪演出，如苏联的乌兰诺娃芭蕾舞团、波兰的玛佑夫舍歌舞团、朝鲜的崔承喜歌舞团等。乌兰诺娃那时已经四五十岁了，演出前需要闭目静养，刘德曾就陪她在后台休息，一上了台就生龙活虎……

1952年，世界著名的加拿大籍和平战士文幼章先生偕夫人来沪，住在上海大厦，领导指派刘德曾接待他们。文幼章曾在圣约翰大学教过课，巧的是刘德曾正是他的学生，听过他的课，对这位老师十分崇敬。因为文幼章先生一贯热情支持中国革命,反对内战,人民政府对他的到来很重视,尽量满足他的参观要求。刘德曾印象最深的是陪他参观提篮桥上海监狱。当他看到犯人们在狱中都能吃得饱,穿得暖,正通过学习和劳动改造成新人,感到信服。当时汪精卫的老婆陈璧君也关押在提篮桥,他们亲眼看到她老老实实地在糊纸盒。她还陪他们参观了妇女教养所,那些旧社会的妓女被集中起来认真学习,同时接受政府安排的疾病治疗,学习结束后由政府给介绍工作。这些翻天覆地的变化,给文幼章夫妇留下很好的印象。

有一段时间,刘德曾的工作是接待从抗美援朝战场上回来的志愿军演讲团,他们是战斗英雄柴川若、董乐甫、窦少毅三人,住在市委余庆路招待所。他们分别向各界人士汇报朝鲜战场上种种动人的事迹,所到之处,人山人海。讲到精彩之处,广大群众报以雷鸣般的掌声,无不热泪盈眶,激动万分。"向志愿军学习!向志愿军致敬!"的口号简直震耳欲聋。刘德曾也兴奋得不得了,没白没黑地为之张罗。这时期交际处的工作还属于保密的,考虑到社会上比较乱,平时不许到外面乱跑,女同志晚上不许上街,男同志晚上上街必须带枪。

有一次,陈毅市长原先在战场上牺牲的夫人的父母从乡下来了,陈毅市长关照刘德曾接待一下,住在招待所,按照规定,该吃什么标准就吃什么标准。刘德曾陪了老人几天,发现每到晚上一空下来,老人家就要伤心,想女儿了,她就设法安排他们去看戏,调节一下心绪。没几天,他们要走了,刘德曾觉得老人家来一次不容易,应当多住几天,就对陈毅市长说,能不能多留几天?陈毅说:"不可以的,这都是国家的招待费啊!"

刘德曾至今还记得陈毅市长对她的嘱咐:"大学生呵,英文不要忘记了啊!"刘德曾说:"现在英语还有什么用啊?大家都学俄语了嘛。"陈毅市长说:"我们的事业还要向前发展啊,将来要与很多国家建立联系,英语肯定要用的。"

1952年,太平洋国际和平会议在北京召开,这是新中国第一次举办国际会议,非常隆重,刘德曾被借调到北京参加会务,与刘宁一、冀朝铸、孙维世等共同担任翻译工作,这次她的英语果真派上用场了。由于她的出色表现,北京有关部门很想把她留下,在征求她本人意见时,她表示希望仍回上海,主要原因,不仅是父母姐妹都在上海,还有一位青年人在等她。

大风大浪中的磨难与爱情

刘德曾工作的交际处在上海大厦十楼,十一楼是市委统战部,两个单位工作中配合、协调较多,因为交际处接待的不少客人都是高级统战对象,所以刘德曾必须常去楼上办事。时间长了,发现统战部里不全是土八路,那个工作上精明强干的程钧,就是一位有知识、有头脑的青年干部。程钧也是大学生,家在上海南市区,原是中法国立工学院的学生,是1939年在大学期间就入党的老党员了,曾担任上海学生抗日救亡协会大学区的区干事,中法工学院学协校代表,后来转到潘汉年同志领导下的情报系统工作。他很欣赏刘德曾的工作热情和负责精神,唤她小刘,工作之余还能聊聊天。

刘德曾也喜欢跟程钧一起工作,因为他有政策水平,遇事能拿出办法,没有干部架子。后来她才知道,程钧在地下党工作时期从事的是非常危险的情报工作。抗战胜利,国民党派出接收大员来上海接收汪伪政权的财产时,上级领导派他打入国民党内部,当上一位姓张的接收大员的副官,直到上海解放,组织上叫他到华东局报到,他的真实身份才公开。这时他才知道,他的上级就是潘汉年同志。地下工作当时都是

第七章 刘秉璋的曾孙女刘德曾

刘德曾、程钧结婚照

单线联系,他上面的联系人是刘人寿同志,刘人寿还负责联系李白同志(就是电影《永不消失的电波》中的原型)。了解了这些情况,刘德曾对他更佩服了,渐渐地,友情发展成爱情,他们成了机关里大家非常羡慕的一对恋人。

但是谁也没有想到,程钧那段非常光荣而且危险的革命经历,在后来的党内生活中被弄得很复杂,地下工作的经历变得不那么光荣,甚至像一颗定时炸弹一样,到了关键的时候就要被引爆。

1953年搞三反五反运动的时候,机关里不太平了,有人借口程钧在统战部里管钱、管物(其实不过是管管招待香烟、管批条子买高级商品、安排招待用餐而已),抓他的贪污问题,连夜搞批斗、搞逼供信。程钧不服气,与他们顶牛,越顶情况就越严重,事情还牵连到了刘德曾。刘德曾原本没有任何事情,因她大学一毕业就到机关工作了,毫

两夫妻与第一个孩子

无历史问题。可是有一天,突然一张大字报,说刘德曾"身后有两个老虎(指运动中有问题的人),一个是她的父亲,一个是她的男朋友……"要她与他们划清界限,应当起来揭发、斗争。统战部一个姓谭的尤其"左"得玄乎,一副大公无私革命到底的气概。还有人对她说:"小刘你样样都好,就是政治上差了些……"言下之意就是应当与程钧划清界限。

可是尽管人们眼中的小刘是天真烂漫的,但是她基本的品性是诚实和正直,她非但不肯跟程钧划清界限,反而很同情他,知道他是冤枉的,仍旧继续与之要好。这时,程钧已经看出苗头不对,预感到党内生活恐怕还要出问题,怕自己的事情会牵连小刘,就对她说:"你跟着我,大概不会幸福的,请你慎重考虑。"越是这样,小刘越是不服气,她偏要站在程钧一边。三反五反之后,尽管最终并没查出程钧什么问题,但由于他"态度不好",还是被降了级。

1954年,他们在一种组织不信任的气氛中结婚了。由于两人心里都憋着一股气,单位里糖都没发,只有少数很要好的同志带了礼物前来祝贺。

❧ "潘杨冤案"带来的如磐重负

1955年,在他们的孩子刚生下来不久,有一天她带着孩子回娘家看父母亲,

第七章 刘秉璋的曾孙女刘德曾

突然接到弟弟的电话，说是公安局来人抄家了，把哥哥（程钧）带走了。刘德曾一时还没反应过来是怎么回事，一打听，原来是肃反运动开始了，不仅是程钧，潘汉年同志、刘人寿同志，还有谭崇安等人，过去一起在上海搞地下斗争的老同志，一下子都被关起来了。刘德曾这才明白，事情麻烦了，这绝不是一个人的问题。她很快向自己的单位领导作了汇报，坦率地表示，作为共产党员，我们服从党组织的决定，接受党组织的审查。但是要审查多长时间，以什么样的形式进行审查，她问领导，领导也不知道。显然，她成了一个审查对象的妻子，无形当中矮人三分。尽管领导安慰她"不要着急，审查会有结论的"，但是人毕竟被关进南市看守所了，而且不许家属探视，就已经说明了事情的严重性。她整天在担心，整夜睡不好觉，不知丈夫在里面怎么样了。不久，她被调离了原单位，到机关事务管理局和机关干校工作，这都给她带来很大的思想压力。

谢天谢地，一年多后丈夫总算被放出来了，说是他的历史审查清楚了。原来当年他受命打入国民党内部，为之当副官的那位张将军，也是中共地下党，不过他们属于不同的系统，于是真相大白。程钧毕竟久经考验，不做亏心事，不怕鬼叫门，在看守所内静心读书，研究理论，思考问题，并没有吃皮肉之苦，出来之后，情况还好。而看守所之外的刘德曾却心急如焚，除了繁忙的工作、沉重的思想压力，还忙幼小的孩子。坚持了一年多，到程钧出狱时，她身体被拖垮了，开始大吐血，肺部出了问题……当时的统战部长周文同志登门赔礼道歉，统战部的同志为她联系了当时最好的肺科医院，住进虹桥疗养院。

身体恢复之后，刘德曾调整了状态，又精神抖擞地投入了工作。1958年，中苏关系尚没有公开破裂，不知什么原因，在机关干校的课程中，除了语文和数学，要开英

语课了,这回刘德曾优秀的英语能力得到了发挥。那时的干校不是脱产的,是每天提前一小时上班读书,干部们8点钟上班之前,7点钟先到靠近外滩的建设大楼(福州路江西路路口)上课,上到8点半下课,只占用半小时的上班时间。但是学员都是科以上干部,局长就有好几个,他们平时工作很忙,常常缺课,刘德曾看了着急,她超级顶真,下课后就一个个去"抓活的",上门为他们补课。

后来交际处工作忙了,又把她调回交际处,哪个领导不喜欢埋头苦干、从不计较报酬的老黄牛呢!再后来,交际处与国际旅行社合并了,办公地点在华侨饭店,工作上仍旧是发挥她的特长,教英语,学员是来自全市各大涉外大宾馆、大饭店的干部和业务骨干,半脱产,包括后来以接待毛泽东出名的乐翠娣等,读书用功得很,都是她的得意门生。教室设在中苏友好大厦的顶楼,共有四个班。至于教材,当时根本没有旅游和宾馆接待方面的教材,只能自编自教。于是她自编了油印本的教材,其中有大堂接待用语、餐厅用语、客房用语、迎送用语,别人再根据她编的英文教材,翻译成德文、法文和俄文。这大概是新中国最早的宾馆业务的英文教材。

他们的工作永远是忙碌的,但是丈夫程钧自从受审查之后,忙碌的内容有了很大变化——他总是被送到工厂或乡下去劳动,与农民同吃、同住、同劳动,一去就是好几年。明眼人一看就明白,他不再受重用,有只莫名其妙的手在暗中整他,因为这些岗位与统战工作全无关系。

风雨之中不低头

"文革"爆发时,刘德曾已经是零陵中学的英语教研室主任了。在此之前,她在沪光中学当过英语教研室主任，因为零陵中学是新学校，需要加强力量，上级从各校调配师资，而原定沪光中学调去的一位老师不愿前去，刘德曾觉得总是要有人去的，自己是干部，应当站出来，于是主动要求调去了。

谁知这个学校到了"文革"时不得了了，成了搞打砸抢、逼供信的重灾区，"左派"势力嚣张至极。一些青年教师仗着出身"红五类"，野性膨胀，争相在运动中露一手，带领学生到处抄家，把一些老教师关入"牛棚"，私设公堂，轮番批斗，致使一向勤勤恳恳、认真工作的教导主任跳楼致残；一位女教师被迫害得精神失常；两个女教师的头发被剃光后，日常进出安全都没有保障；他们甚至逼迫一位革命烈士家属，承认丈夫的被捕牺牲是她出卖的，要她长时间地跪在地上认罪，致使这位女教师肾病复发，不久就去世了。还有一个教师刚刚夫妻团聚，她丈夫的单位刚刚给他们分了房子，被作为反革命无休止地批斗，他们实在被折磨得受不了了，夫妇双双服毒自尽……学校里到处风声鹤唳，白色恐怖。

刘德曾自然也跑不了，被污蔑为"反革命家属"，逼迫她与丈夫划清界限。她的家三次被抄，造反派抄不出金银财宝和反革命罪证，就把家里的古书、字画，和一些有历史价值的纪念品拿去烧掉，有些用车拉到废品收购站卖掉。她必须每天早晨6点钟就赶到学校，早请示，晚汇报，参加劳动。更加令人气愤的是，她家的邻居王某和余某夫妻二人，道德败坏，为了达到独家占用卫生间的目的，不惜与学校的造反派串通一气，造谣生事，无事生非，把刘德曾晾在外面的大衣，说成是跟特务联络的信号；把上门揽修棕绷的手艺人，说成是特务来接头了；甚至跑到学校的揭批大会上"揭发"——她家里有个发报机，一个电报就可以发到台湾去……

不幸的是，她的丈夫程钧由于过去是在潘汉年、刘人寿同志领导下搞地下工作，"文革"中再次被列为"审查对象"。这一回"审查"的时间可就长了，隔离审查一段

刘德曾、程钧与老领导周而复合影

时间后，并没有审出什么新的问题，但也不放他回家，叫他去奉贤五七干校劳动，这期间不许通信、不许探视、更不许回家。刘德曾只能从送衣物进去后，丈夫收到东西后的回条上，知道丈夫还活着。以至于三年后丈夫获准回家探望时，他们七岁的女儿问妈妈："这个人是谁呀？"

在严酷的形势面前，刘德曾夫妇没有低头。面对造反派咄咄逼人的审讯，刘德曾反问他们："我与我丈夫认识，是解放以后的事情，我怎么会知道他解放前做的事情呢？""潘汉年当时是副市长啊，如果他有问题，市领导肯定不知道的。如果知道了，怎么会让他当副市长呢？既然领导都不知道潘汉年有问题，我丈夫又怎么会知道呢？"造反派理屈词穷，总是说她态度不好，叫她去扫走廊，扫厕所。这期间她每

第七章 >> 刘秉璋的曾孙女刘德曾

天早出晚归，孩子都还小，儿子上小学，女儿才四岁，常被邻居欺负。为了孩子的安全，她带孩子搬到母亲家住了。

面对来自各方面的重压，刘德曾默默地承受着，思想上无疑非常苦闷，但是有一条她很明确，她坚信党是有力量的，这种天下大乱的局面肯定不会长久的，总有一天会真相大白！

2002年年合家欢

雨过天晴获新生

果真，粉碎"四人帮"以后不久，潘汉年同志得到了平反昭雪，刘人寿等同志也从监狱中放出来了，事情的真相终于大白于天下。刘德曾夫妇政治上也得以重

刘德曾、程钧夫妻八十寿辰.

见天日，长时期压在他们头上的重负终于被推翻了。尽管这时候他们都已经青春不再，但是党在新时期的号召和使命，重又点燃了他们如火的工作热情，刘德曾来到徐汇区业余大学，在新的教育岗位上焕发了青春。

现在他们的一对儿女都已学有所成，成家立业，各有建树。她和老伴儿都已离退休，但他们仍不落伍，很快学会了电脑，每天，除了看报看电视，他们常常坐在电脑前忙碌着，写校史，写回忆文章，各自还有忙不完的事情……

第八章 张静江的女儿张芸英

- 『肥皂箱上的演说家』
- 自然天成的家族艺术氛围
- 把国舅宋子文晾在一边
- 小家庭遇到大风雨
- 高级人才的低级困惑
- 『只要两间、不要三间』的原则

"肥皂箱上的演说家"

1924年春天,西藏路大庆里的张家,一下子变得像个女生世界——一群青春少女突然"从天而降"。

张芸英的父亲、民国元老张静江

她们整天唧唧喳喳,情绪非常激动,常常在一起严肃而紧张地讨论国家大事,诸如街头流浪儿的问题,公共场所的卫生问题,吸毒问题,黄包车工人的生活境遇和安全保障问题等等。这些在别人看来早已经司空见惯,不足为怪的事情,她们却在大惊小怪,不能容忍,像是发现了中国非常了不得的社会大问题,需要认真对待,需要呼吁国家立即拿出办法来。她们时而你辩我驳,时而引经据典,有时一起涌向他们的父辈,一本正经地向大人们讨说法,甚至走上街头发表演说,像五四时期的青年一样发动民众……

原来,这是张静江的五朵金花从国外回来了。

这五朵金花是民国元老张静江的前妻姚蕙生的五个小姐:蕊英、芷英、芸英、荔英、菁英。她们从小生活在法国和美国,初

张芸英的母亲姚蕙

第八章 >> 张静江的女儿张芸英

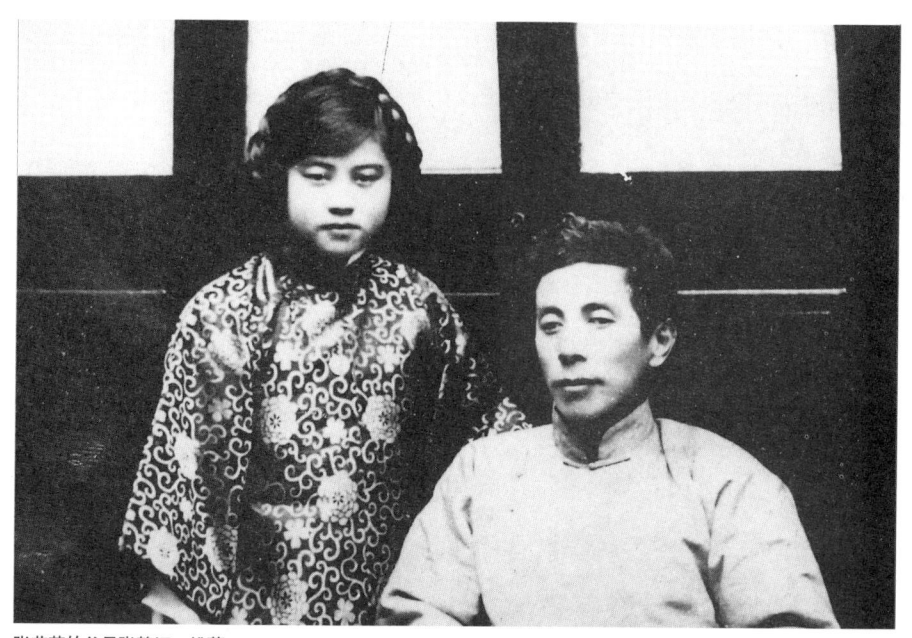

张芸英的父母张静江、姚蕙

回上海,对中国的一切都用西方的眼光来衡量,于是有许多地方弄不懂。他们又继承了其父政治情绪热烈的情感细胞,遇到社会问题就不肯轻易罢休。

小姐们从小弹钢琴,进当地最好的学校念书,还经常参加当地的社区文化活动,接受了西方的人文观念,对西方的音乐、舞蹈、美术都有很好的感悟,对美丽的服装也很感兴趣。她们常常会弄来一些五颜六色的花布,几个人你拉我扯地在身上左缠右缠,或者左边抓一把,右边打个结,稍微一摆弄,就作出了时装模特儿的效果。弹钢琴更是她们的拿手好戏,她们坐在钢琴旁边随便切磋一会儿,手下就会流出属于自己的欢快乐曲。

父母对她们非常关爱,一旦哪个生了病,当父母的总是焦虑不安,不仅像一般的父母那样,设法找来有经验的医生为之诊疗,还派人带孩子去海边城市疗养(现存上海博物馆的三百多张张静江夫妇在巴黎时期的明信片，其中一部分就是讨论为孩子治病和疗养的）。他们总是在设法给小姐们最多的温暖和最好的教育。如果不是她们的母亲不幸去世（姚蕙与孩子们在纽约一个公园里散步时，不幸被树上掉下来的枯枝砸中，脑溢血而去世）或许她们就一直在美国生活下去了。但是张静江那时已从单纯地为革命提供经费、间接地参加革命，发展为直接投身革命活动了，因而多数时间在国内活动，于是五个小姐就由她们的舅舅姚叔莱夫妇带领，回到上海。

令她们的父亲感到意外的是，整天在眼前飘来飘去的，似乎弱不禁风的女儿们，一旦回到国内，突然一个个都成了女革命家。她们中最小的菁英才十二岁，最大的蕊英也才二十岁出头，与她们的后母年龄差不多。芸英和荔英刚高中毕业，都是如花似玉的年龄。

她们凭着在西方的见识，对国内诸多落后情况，非常惊讶，非常不满，没想到自己的国家竟是这样。但她们没有采取冷眼旁观和鄙视的态度，而是像她们的父亲年青时一样，怀有一颗耿直而率真的心，看不惯就要喷发出来。于是就像在美国看到的街头演说家一样，她们也尝试着走上街头，呼吁男女平等，呼吁耕者有其田，抨击时弊，号召革命。她们一激动起来，就会拖出个肥皂箱子（那时的洗衣肥皂是用木条制成的箱子包装的），手持一个纸卷做成的喇叭筒，踩上箱子登高一呼，就宣布革命了。

那时只要不涉及政权和具体人物，泛泛地宣传社会革命是非常光彩照人的，与西风东渐带来的新思想、新科技、新方法几乎同义，号召性很强，所以她们的演说也获得了些许同情者。自然，这种呼吁是很微弱的，不会产生实质性的效果。时间长了，她们竟获得了一个"肥皂箱上的演说家"的雅号。

可惜小姐们只知道批评社会的阴暗面，至于这些阴暗面究竟是怎样形成的，如

第八章 >> 张静江的女儿张芸英

何才能使国家光明起来、强大起来,却拿不出救世良方,这种宣传也就不会持久。其实不要说她们,就是她们的父辈,包括孙中山先生在内,不也是被这难求的"救世良方"难为了一辈子吗?但是西方民主的思想观念,在她们的脑海里已经打下了深深的烙印。

尽管小姐们思想"冒进",毕竟一个个长得婷婷玉立,热情大方,讨人喜欢,一身好看的西式服装总会牵动众多羡慕的眼光。

1924年时蒋介石的夫人是陈洁如,是张家的常客,也为小姐们的美丽和活力而感到

张家五姐妹小时候在法国巴黎,张芸英居中

震惊。陈洁如在她的回忆录里曾这样描述初到上海的张家小姐:"五位可爱的女儿,每位都穿着齐整,显得聪明、帅气而迷人。她们一起回家来与她们的父亲与后母同住。她们不像普通小姐,而都曾先在法国,然后在美国接受教育。在我看来,她们简直就是摩登的极致。我对她们那种自然爽朗的神气、潇洒大方的仪态及雅致的服装,尤其印象深刻。她们真的不同于上海一般姑娘,我认为她们棒极了!"

陈洁如与张家大小姐张蕊英尤其合得来,认为她"最温婉可人"。在她最痛苦的时候,张蕊英给了她精神上的安慰和支持。在后来世事多变的几十年中,她们始终保持了纯真的友谊,堪称最知心的朋友。陈洁如与其他几个小姐关系也不错,她60年代初去香港定居之前,在北京受到周恩来总理款待,周恩来问她还想见见什么人,她说想见见张静江的三小姐张芸英。

自然天成的家族艺术氛围

三小姐张芸英解放后在北京国际广播电台当翻译和编辑,同时还是一位出色的钢琴教育家。她一生从未离开过钢琴,直到晚年仍旧每天弹钢琴,而且把儿子和孙子都培养成了钢琴家。

中学时代的张芸英

张芸英和同学紫君

她的父母原本都不乏艺术细胞。母亲姚蕙是苏州城里的大家闺秀,能诗会画,有很深的中国古典文学和美学根基。张静江在出版大型彩色画报《世界》杂志的时候,姚蕙任发行人,想必与她的美学基础是分不开的。张静江年青时受舅舅庞莱臣的影响,也很注重书房的功夫,而且收藏宏富。他绘画喜仿八大山人,现在他的南浔故居陈列馆里仍挂着他的山水绘画作品;他的书法则喜练行书,自成一格,与他那天马行空般的性格十分相符。

五朵金花继承和发挥了父母的艺术细胞,从小就泡在钢琴和色彩里,加上西方开放式的教育和生活,使她们一个个都才华横溢,尤其是老三张芸英、老四张荔英、老五张菁英,她们终生与艺术结缘,分别是音乐家、画家、服装设计师。

张芸英毕业于巴黎LORACE JULES FERRY小学，在美国就读HORACE MANN中学，高中毕业时，已经能开钢琴演奏音乐会了。1924年回上海后在中西女中补习中文，同时跟一位叫LAZAREV的白俄女教授继续学钢琴，是上海滩有名的才女。

说到她的音乐才能，他的弟弟张乃昌在回忆录中有这样一段："在暑期，我母亲和几个我同父异母的姐妹会到山上（张静江在莫干山上的别墅）来跟我住在一起。母亲有一架手摇的留声机，我们在晚上播放舞曲。我的三姐苏珊（张芸英）教给我许多舞步。她教给我华尔兹的滑步、狐步舞，我也学会了探戈、查尔斯顿舞等。那时我只有七岁，在这个年龄学会跳舞可以发展出自然的节奏感。有了这样的基础，稍后在高中，我选修了跳舞课，学到了更多。"

张芸英时装照

张静江的五朵金花，前左一张芸英

把国舅宋子文晾在一边

可惜，让张芸英爆得大名的首先不是她的钢琴，而是她的恋爱史。

她是在从美国回国的轮船上认识了留美成才的陈寿荫的。那时陈寿荫刚从美国麻省理工学院工科毕业，西装革履，风流倜傥，一口英语讲得非常高雅，中文基础也很好，会写中国诗词。他见到身材苗条、衣着讲究、气质高雅的张芸英，十分倾慕，就主动上前打招呼，还写诗相送。张芸英觉得他很有才气，谈吐不凡，也愿意与之交往。她们都是爱好艺术的青年，见识多广，风华正茂，在一起自是有很多的共同语言。两个月的富有诗意的海上生活，给了他们充足的交流时间，竟然培育出爱情的萌芽。陈寿荫到上海后没有干工程技术，而是选择了他最喜爱的电影艺术，当导演，这就更富有了浪漫色彩，也就更符合芸英的艺术理想。

可是他的父亲张静江不同意这门婚事。张静江一向思想开明，主张自由、民主、开放，但对三女儿芸英的这门婚事却极力反对。也许是他的门户观念在作怪，也许他认为文艺圈的人士不甚可靠，或许他对芸英特别宝贝，无论谁来提亲，他都不舍得答应。北伐之前张静江在广州（被蒋介石请去坐镇大本营），芸英从上海前去探望老爸，竟被宋子文一眼看中，追求甚为"紧张"。宋子文身为国舅，又出掌民国财政，张静江还看不中他呢，遑论他人！

可能当时的张芸英实在是太出众了，在广州惹得国舅有些乱了方寸，竟然有一次在海边游泳的时候，当着其他朋友的面，向张芸英赠送订婚戒指，气得张芸英拿过来就扔到了海里，弄得国舅大大地失了面子，下不了台，一时传为大笑话。但是他还是不甘心，在张芸英要乘船回上海时，竟下令不许开船。可是他不懂得，他越是这样

第八章 >> 张静江的女儿张芸英

左三张芸英，居中张静江

就越是惹小姐讨厌了。

宋子文哪里知道，张家小姐个个都是貌似柔弱，实乃刚强的新派女子，一心要追求真正的爱情和幸福，你那国舅的身份算什么？在她们眼里根本排不上号呢！张老太爷那"无政府主义"的细胞，早已无形中"传染"给了小姐们。

张家小姐本来目标就大，人们对于名流的情事更加"没有不透风的墙"。宋子文追慕芸英的消息很快传到了上海，陈寿荫这头又摆不平了，立马发来一封电报促其赶快返沪，不然的话他就要自杀……

还是芸英有办法，她终于在父亲的帮助下摆脱了宋子文，回到上海与陈寿荫结婚了。张静江虽不喜欢这个中国的第一代导演，但女儿喜欢，他毫无办法，还"乖乖地"摸出了一万元大洋，算是给女儿的嫁妆。

张芸英的丈夫、中国第一代导演陈寿荫

小家庭遇到大风雨

陈寿荫回国后曾随名导演从业,曾任职雷摩斯公司、大中华公司、新华公司、新人公司,以导演《人心》一片而赢得名声,成为中国第一代导演,也算过了把导演瘾。他胆大心细,勇于任事,对电影各个环节上的质量要求都很高, 略有不合心意就作废重拍,但是这样就造成了大量废片,拍片成本大大提高,于是招来合伙人的非议。日子久了,他在伙伴们中就不很受欢迎,弄得他也不高兴了,索性撒手不干。

后来他和芸英到了杭州,到他老丈人当省长的浙江任职去了,在杭州电厂当营业科科长。抗战中日本人打到杭州时,国民政府撤退,他当代理经理。日本人把电厂占领了,他们只好回到上海,住在衡山路上著名的华盛顿公寓(现在叫西湖公寓)305室。这对艺术夫妻有两个儿子,陈平和陈鹏,都继承了父母的艺术细胞,喜欢音乐和美术。陈平后来成了音乐家,钢琴弹得很好,任人民

张芸英、陈寿荫夫妇与大儿子陈平

音乐出版社的副总编。陈鹏是工艺美术家和美术教师,长期在北京汽车制造厂担任工艺美术设计师。他是该厂主要的汽车外形和内部设施的设计人员,设计过上百种型号的汽车,大多都是特种型号和用途的汽车,有军用汽车,首长用车,也有各类工业和矿山用车。有的汽车既能在平地上行驶,也能在地铁的轨道上行驶。60年代国内满街跑的212型吉普车的外形,就是出于他的设计。

上世纪40年代中期,他家小日子过得还挺安稳,谁知抗战胜利以后竟出现了裂痕,主要是陈寿荫与一位电影女明星过度交往引出的矛盾。张三小姐认为夫妻生活理应以爱情为基础,如果爱已转移,那么这场婚姻的意义也就走到头了,于是宣布离婚。这是1946年的事情,当时张芸英精神上极度忧伤,她没有料到当初的山盟海誓,竟会如此脆弱!

第二年,她的大儿子陈平考取了清华大学。陈平非常忧虑母亲的精神状况,担心如果母亲继续留在上海这个地方会得精神病,于是提议全家北上,到北京生活去。用陈平的话来说就是:"离开这个尽出坏事的大上海!"其实当时陈平同时也考取了上海交大,本可以在上海念书的,但为了离开上海这个伤心之地,他决定北上读清华。

高级人才的低级困惑

离开了丈夫,张芸英开始走向社会,找工作做,用自己的双手来养家糊口。

在北京,他们最初租住的是齐如山先生家的房子,很多年后单位里才分到房子。在最初的几年里,她没有固定的收入,曾在北京女青年会、汇文中学、清华大学音乐室教授钢琴,后来还在芭蕾舞团、芭蕾舞学校、民族歌舞团等单位担任钢琴伴奏。在家里还收了不少入门弟子,何鲁丽姐妹都曾是她的学生。

何鲁丽姐妹的母亲是法国人,与张芸英是好朋友,如果在街上碰到,她们可以站在街头用法语快乐地交谈一两个小时。后来到她家来学钢琴的学生越来越多了,累计下来,足有几百人。现在北京钢琴界的许多知名人士如吴式锴、吴式铨兄弟、戴予吾等,都曾跟她学过钢琴。她的不少学生后来从事音乐工作,成了知名的作曲家或音乐学院的知名教授。

1955年,她的生活出现了转折,她的中学同学姚锦新(姚依林的姐姐)介绍她到中央人民广播电台英语部工作,从此一直干到退休。她英语和法语都很好,在播音紧急的时候,她可以拿着中文稿,流利地用英语读出来。在中央人民广播电台国际部当编辑的十五年中,她的工作一直受到领导和同事们的赞扬。退休后她还辅导了不少学生进修英语和法语,其中有准备出国交流的知名医生和工程师,也有准备出国留学的大学生,还有邻里的小孩子们,她也都热心给予指导。

平时尽管工作很忙,但是下了班或是周末、周日,她只要一逮住空闲,就一定要泡在音乐里。她的儿子说她,只要往钢琴边一坐,就什么事情都可以抛到脑后了,简直就是"宠辱皆忘"。她在弹琴的时候,心情就像个欢快的小鸟,眼睛也格外明亮,所以弹出的乐符永远是流畅、动听的。

但是张芸英毕竟是张家小姐,在海外生活过多年,海外细胞要多于中国细胞,对社会上的事情经常是看不懂。

到北京之初,她家没有保姆,她就得自己拎起篮子上市场买菜。有一次她买了一块肉,发现是块带骨头的肉。她就问卖肉的:"您这肉里怎么有骨头呢?"那卖肉的听了很惊讶,回过神来后,像对付一个小女孩似的对她说:"没骨头,这猪能走路吗?"引得周围的人都大笑起来。

第八章 >> 张静江的女儿张芸英

张芸英的儿子陈平一家

张芸英没词了。她想,是呀,这肉里面是应当有骨头的,因为猪身上的确是长骨头的呀!但是她记得在上海时,阿姨买回来的肉是没有骨头的。其实她没弄明白,在国外和上海的市场上,如果你说是买"肉",那的确买的就是"肉",里面是没有骨头的,因为国外和上海的宰猪方法是按西方的方式宰杀的。如果要买带骨头的肉,那便是"排骨"或是"肋条"等。而北京那时还是按中式宰猪法,菜场的售货员动辄把一条或半条整猪拎上来,往案板上一放,剁到哪里是哪里的。所以张芸英想对卖肉的提意见,反倒让人家给堵回去了。

还有一次上裁缝铺做衣服,她看裁缝拿出一张纸样裁衣服,就说:"我人瘦,要裁得瘦一些,这个纸样可能不合适我。"那裁缝铺的人说:"我们这张纸样传了三代人了,人人合适,怎么到您这儿就不合适了呢?"是呀,为什么到我这儿就不合适了呢?

是不是自己有什么问题呢？但自己的身材的确比一般人瘦些，那怎么办呢？没有办法，只好不做了吧。

诸如此类的问题，张芸英都想不明白。

"只要两间、不要三间"的原则

但是，在别人看来，张芸英也有令人想不明白的地方。她对党组织的坚信和在住房问题上的固执都让人家感到奇怪。不要说一般人想不通，就连国家主席宋庆龄也大为迷惑！

当初在全国解放前夕，在百万大军即将渡江的时候，她父亲预感到情况不妙，从美国打电报来，叫她带着孩子赶快到美国来，飞机票都为之买好了。她不去，她认为中国人这么多，人家可以过，我也可以过。如果去美国，肯定要依靠父亲，但是她丝毫不想依靠父亲，而一心要自立。其父1950年在美国去世后，后母朱逸民几次寄钱来，她都向组织汇报了，在一次思想小结中，还表示要把这些钱上交给组织部门。

她跟她大姐张蕊英一样，与宋庆龄一直保持着私人交往，并且相信共产党的办法是正确的。她们不大见面，但是常常通信。60年代初，宋庆龄住进了北京后海原先的醇亲王府，她们通信更频繁了。她们的信不是从邮局走的，而是由宋庆龄的保姆李玉娥来回传递。有一段时间她们每周一信。李玉娥手提一个小篮子，里面放着信和一些好吃的食品，有时还有宋庆龄画的画。走的时候就带回张芸英写给宋庆龄的信，或是她亲手做的小点心。

按说，你有宋庆龄这么个大后台，又是统战对象，诸如工作问题，房子问题，儿子

第八章 >> 张静江的女儿张芸英

落实政策的问题等等，什么问题不好解决呀？在老百姓看来的难题，以她的身份，理应都是很容易解决的。但是她就是有"路"而不走，这就令人看不懂。

张家当年在莫干山建的别墅

她在国际广播电台的工作是同学姚锦新给介绍的。而房子，开始是借私人的，后来住在儿子家里。只有当儿子下放，她没地方住了的时候，才向组织提出了住房要求，但是一时还是解决不了。这事被宋庆龄知道了，宋庆龄当然很着急，要求有关部门尽快给予解决。宋庆龄一过问，事情很快就有了答复，决定分配给她一套三居室住房。

这不是很好吗？要叫别人，感谢还来不及呢。可是张芸英不要三间，只要两间，坚持要把另一间分配给其他同事，她愿意跟人家合用灶间和卫生间。别人劝她不要犯傻，赶快拿下来。她不干，坚持只要两间。

宋庆龄帮人是帮到底的。知道她有"两间"之说，也来信劝她应当拿下三间。她回信说，两间足够了，不需要三间。宋庆龄又来信说，你只需付两间的房租，另外一间的房租我来付好了。那也不行，我只需要两间！多一间，不要！

后来，她真的与别人合住了一套居室，直到她去世。

张三小姐，就是这么一个纯粹的人。

人家说她比共产党还共产党！

1998年，她在北京寓所安详地离世，享年九十五岁。她的身边，是伴了她一辈子的宝贝钢琴。

第九章
吴调卿的孙女吴佩珠

- 吴家大院的老人老事儿
- 『汇丰吴』家的一群阳光女孩
- 曾在李约瑟先生手下工作
- 他们总是问：你为什么要回上海
- 突然间成了反革命
- 『山连山』：南湖农场的风雨岁月
- 难忘的一九七二：哥哥来信了
- 幸福晚年：七十四岁黄昏恋

吴家大院的老人老事

吴家老太爷吴调卿坐镇汇丰银行天津分行头把交椅,长达三十年,不仅打理英国人的银行,自己还投资、创办了很多企业,如天津自来水公司、天津织绒厂、北洋硝皮厂等,还从事房地产经营,积累了巨额财富,被视为天津四大买办之首、天津首富。他与朝廷重臣李鸿章是同乡,彼此哥儿们,李鸿章要通过他向英国人贷款办洋务,英国人也要通过他向清廷要高价,他居间周旋,是个两头都搞得定的人。所以,后来天津的香港路、马场道一带几乎全是吴家的房地产,老百姓称之为"汇丰吴"。

吴家的老宅号称吴家大院,排场很大,足有几十亩地,中间一栋大楼,周围有许多房子,其中不仅有商会、马号、裁缝铺、理发店、鸽子楼,还有许多供出租的房子,像个小社会。

吴家人多,是个安徽籍的旧式大家族(祖籍徽州婺源,现在划归江西)。老太爷吴调卿先后讨过七房太太,小孩子都管老太太们叫好婆。吴佩珠懂事的时候,只有四位好婆了,即三、四、五、七。七位好婆共生了二十几个子女,其中三好婆生了五个,四好婆生了九个,于是又有了一大群孙子辈。加上账房、跟班、保姆、保镖、奶妈、花匠、私塾先生……大院里足足住了一二百号人,进进出出的人就更多了。马号里有成排的马厩,停放着很多马车和轿子,随时听候使唤。吴佩珠姐妹小时候上学就是马车接送。

在吴佩珠八岁的时候,他们全家搬进了香港路一处更洋派的大宅院。院子中间是一栋带屋顶花园的大楼,是她祖父与几个好婆及诸多姑妈们住的。临街有四栋三层的小洋楼,她父亲与几个兄弟每家一栋。大楼的底层有大理石地面的大厅,非常大,

第九章 >> 吴调卿的孙女吴佩珠

可以放电影、举行派对。院子中间有网球场和花园，周末常有亲戚朋友来打球。可是搬进这处大院没几年，这个家族的主心骨吴调卿老太爷就西去了。

后来吴佩珠姐妹在院子里玩的时候，常看到许多轿车缓缓开进大门，在祖父的大楼前停下，从车上下来的有中国官员，也有在天津的英国官员，后来听说他们是吴家财产的保管团，是来开会的。为了吴家非常复杂的财产和分家问题。这样的"中西联席会议"居然马拉松式地开了好几年，据说是因为财产太多，一下子分不完。有的财产还很难分，比如一枚英国女皇颁给的十字勋章，上面有很多钻石，由于开价很高无法变卖，也就没办法分。还有一个慈禧太后赐给的翡翠扳指（约有一寸高的翡翠戒指），也是由于价值很高，一时无法变卖，拖延了很长时间。关于那枚十字勋章的结局如何，现在人们已弄不清楚了，反正那枚翡翠扳指的最后结局很惨，愚蠢的"中西联席会议"居然把它一锯为四，变成四片，分给吴家四个公子了事。

吴佩珠的父亲吴熙元是老太爷最小的儿子，对这些家族事务纠纷已经厌倦，就请了律师代替他出席家族会议，自己搬到北京去了。

吴佩珠的父亲吴熙元

吴佩珠的母亲严淑英（严筱舫的大女儿）

"汇丰吴"家的一群阳光女孩

吴佩珠的亲祖母是三好婆,她父亲吴熙元是三好婆生的儿子,掌管着老太爷创办的那个硝皮厂(天津制革厂的前身),常年生意红火。母亲严淑英是李鸿章的另一个幕僚严筱舫的大女儿。吴佩珠兄弟姐妹九人,一男八女,她是小八子,唯一的哥哥叫吴敬学,在她后来的生活中起过重要作用。

吴家在当时不仅老一辈名气大,小姐们风头也很健。因为是洋派家庭,青年人尤其能领风气之先。那一大帮子孙女,一个个花枝招展,青春靓丽,新式发型,新式服装,演话剧,入新学,进出总是呼啦成群,一群自行车,知名度不亚于"赵四风流朱五狂"的赵家(赵庆华家族)和朱家(朱启钤家族)。她们与朱家、赵家还有詹家、李家(李思浩家族)的女儿、孙女,不是亲戚即是同学、朋友,因为几家大人相互有生意上往来,有的从祖父一辈就是朋友,常常串门,连在北戴河

吴家在北戴河避暑,后左二吴佩珠

四姐妹骑自行车,右一吴佩珠

第九章 吴调卿的孙女吴佩珠

的别墅都挨着不远,孩子们就扎堆儿了。

吴佩珠的大姐吴佩球是孩子王,就读天津中西女中,身体健康,精力旺盛,思维敏捷,不仅书读得好,还带领弟弟妹妹游泳、溜冰、演话剧、唱英文歌,到冬天只要哪里有冰,她们就蜂拥而至,整天忙得风风火火。夏天主要的活动是去北戴河避暑、游泳。每年一放暑假,家里就会把她们的自行车先行运到北戴河,他们老老小小,包括厨子、佣人、跟班统统乘车去北戴河,

吴家最小的三个小姐,右一吴佩珠

六美人在颐和园(左一吴佩珠)

一直住到开学为止。大姐吴佩球和九妹吴佩琪尤其胆大,她们可以从北戴河一直游到秦皇岛,然后买火车票乘回北戴河。有一次她与一个朋友看见海里停着一艘美国军舰,就径直游过去了,美国大兵看见很稀奇,居然放下梯子让她们上去了。她们水淋淋地把军舰甲板弄湿了一大片,美国大兵不在意,还弄点心给她们吃。但是家里并不知道她们在船上,只知她们下海了久久不归,大人们急死了,后来请人打旗语跟军舰上联系,军舰也用旗语作答,说孩子们在船上,然后放下小船送她们回来,大人们才放下心来。

吴佩珠的游泳、溜冰功夫也不错,会花样溜冰。20世纪50年代初,她已是三十多岁

青年吴佩珠是冰上好手

的母亲了,在上海一次游泳比赛中,还得过50米自由式第一名。在后来长期的农村劳动改造中,只要附近有水塘,她总要在收工后跳进去过把瘾。她们姐妹读书都读得不错,考取的不是清华、燕京,就是辅仁。哥哥吴敬学十六岁还在读中学的时候就跟五姐一起出国留学了,后来成了纽约最大的华商李国钦的女婿,继承、掌管了李家事业很多年。吴佩珠原先在天津读中西女中,家搬到北京后读贝满女中,与冰心、孙维世等是同学,与谢希德是同班同学。她大学读辅仁大学西语系,所以英语好极了。

但是世事难料,她优秀的英语成绩和天真活泼的性格,使得她总是被外国在华的单位相中,这给她后来的生活带来了无穷的麻烦。

❥ 曾在李约瑟先生手下工作

吴佩珠的中学和大学生活是丰富多彩的。除了体育,她们姐妹还喜欢唱歌、弹钢琴,都参加了学校的合唱团。这可能是教会学校学生的共同特点,燕京、协和等大学、中学,凡是教会办的学校都有不错的学生合唱团,曾经在故宫太和殿的平台上举行联合演出,几百人的《黄河》大合唱以及其它中外歌曲,轰动一时,吴家姐妹和姐夫全都参加了。

大学毕业不久,吴佩珠要结婚了。丈夫是大学同学,运动健将,北京足球界出名的前锋,但家境不如吴家,属于北京的旧官僚家庭。吴佩珠的父母不同意这门婚事,总想给女儿找个门当户对的婆家。这也难怪,因为论家境,当时的确很少人家能超过吴家。但是父母忘记了,他们这个长期住在天津租界里的、洋气十足的大家庭,在喝红茶、吃面包、与洋人交往的同时,西方民主、自由、爱情至上的观念也悄悄传进了家门。小姐

吴佩珠大学毕业照

们一个也不听父母的，坚持自由恋爱，自主婚姻大事。大姐吴佩球的男朋友是朝鲜籍医学博士金显宅（后来成为著名肿瘤专家，号称"中国肿瘤之父"），大人们一听是朝鲜人就不高兴了，但是吴佩球坚持己见，父母也没辙，但是他们不参加女儿的婚礼。二姐吴靖更是英雄气概，父母为其定了婚，她以逃婚来反抗，坚持自由恋爱，为下面的妹妹们树立了榜样，自然，结婚时父母也不来参加，嫁妆也被取消了。到了小八吴佩珠，尽管父母还是老大不情愿，但对女儿们已失去信心，也懒得干涉了，"随她们去吧！"还得乖乖地摸出钞票来为女儿操办婚事。老大、老二的婚礼他们没参加，其他几个孩子在国外结婚，所以，吴佩珠的婚宴成了她们姐妹中的第一个婚宴。

1942年，北京已经沦陷了，在北京找工作，弄不好就跟日本人搭上了。有一天她丈夫说，北京不能呆了，我们应当去重庆，参加抗战。吴佩珠也是热血青年，说走就走。这期间，她们姐妹先前都离开了北京，有的出国留学，有的去上海。吴佩珠一走，北京只剩下两个老人了。父亲吴熙元很坚强，挥挥手："你们走吧！"其实她父亲最放心不下的就是吴佩珠，因为她太天真又太直率，老爸怕她受骗上当。几年后她父亲过世，临终前的一个早晨，把回国前来探视的吴敬学叫到床前，关照他："你们兄弟姐妹其他人我都能放心，最放心不下的就是你八妹，你要好好照顾她……"

凭着吴家广泛的社会交往和自身的英语优势，吴佩珠在重庆很快就找到了工作，是在美国驻中国大使馆新闻处下属的一个图书馆当英文图书管理员，这个工作并不费劲，但是必须每天按时开门、关门。那时吴佩珠住的地方离图书馆比较远，重庆交通又很不方便，有时不能按时到馆，干了半年多就干不下去了。现在看来，假如她坚持一下，就在这个岗位上一直做下去，或许后来的麻烦就会少许多，问题是命运安排她到了另外一个岗位，一个长时间被曲解的地方——由著名科学家李约瑟先生主持的中英科学合作馆，这是英国驻中国大使馆下属的一个科研部门，办公在重庆嘉陵大厦。

这个合作馆聘请了一批中外专家，每个专家有独立的研究室，他们与国内各个大学和医院有合作关系。谢希德的丈夫曹天钦先生当时也在里面做研究工作。吴佩珠的职务是办公室英文秘书，负责打字、接电话。英国人等级很严，性格古板，从不与中国职员说笑，但她与李约瑟先生的夫人处得很好，没有事做的时候可以看小说。这个工作干了一年多，由于她丈夫考上了中国航空公司飞行员，住在昆明，她只好辞了职随往昆明。

丈夫当飞行员，收入很高，还可以搭乘免费班机。按说吴佩珠不工作也可以了，但她当时尚年轻，生性好动，喜欢工作，于是朋友又推荐了她一个岗位，仍旧是英文秘书。没想到这个部门她总共才工作了两个多星期，就被炒了鱿鱼，因为这个部门是美国中央情报局的一个分支机构，简称CIA（OSS），她与一个朋友闲聊时，随口说出了她在其中工作，她不知这是违反纪律的，说者无心，隔墙有耳，结果她就被辞退了。没想到的是，这两个多星期的工作经历，后来竟成了她无穷灾难的"定时炸弹"。

他们总是问：你为什么要回上海

1945年抗战胜利之后，大批辗转内地的人员陆续返回原地，吴佩珠夫妇也于1946年

来家聚会的朋友们（前右三吴佩珠，后右二司徒雷登）

回到北京，这时他们已经有了一个宝贝儿子了。

二十七八岁的吴佩珠依旧青春靓丽，活力无限，打球、游泳、开派对，无忧无虑。这时候，国共两党开始和谈，美国特使马歇尔代表美国政府居间协调，在北京成立了"军调处"。军调处需要一些外语好，于社交场合礼貌礼仪都较熟悉的翻译。一个朋友介绍吴佩珠前去，当天就被留下来工作了，成为军调处美国方面的翻译，实际上仍是在办公室当秘书，也要打字、接电话，没事的时候可以看小说。说来也巧，中共方面和国民党方面的翻译她也认识几个。国民党方面的翻译有一个是段祺瑞的外孙女袁迪新，与她的妹妹吴佩琪（吴家小九妹）是同班同学；中共方面的翻译有王光美，与吴佩珠是辅仁大学的前后期同学。吴佩珠这回长心眼了，在这种非常敏感的政治部门是不能多说话的，有时见到她们就权当不认识。在军调处工作了一年，沈崇事件爆发后军调处宣布解散，她又没事做了。

第九章 >> 吴调卿的孙女吴佩珠

1950年亲友在上海法国总会，左三吴佩珠

这时她的父亲已经去世，母亲随哥哥吴敬学到了上海，住在虹桥路、伊犁路路口的吴家别墅里（现在是上海市血液中心），家人相继都离开了北京。不久她来到南京，进入联合国农粮组织驻南京的一个办事处工作，仍旧是当英文秘书，不过比起其它工作来说，这项工作多了一层自豪感，她拥有了联合国组织正式的工作证，这样的身份在社会上很受尊敬。此时她的妹妹吴佩琪已经与蔡文治先生结婚，也在南京。

但是形势很快起了根本变化，国共和谈破裂，战争又起，解放军大军一路南下，势如破竹，很快打过了长江。国民党军队节节败退，一些在华的国际组织只好跟着一路南撤，联合国农粮组织驻中国办事处迁到了广州。当解放军兵临城下，广州也岌岌可危的时候，早已人心惶惶的国际组织，纷纷离开中国大陆。联合国农粮组织宣布，他们要迁往曼谷，愿意一起前往的可以带家属一起走，不愿去的可以辞职请便。

当时吴佩珠的丈夫已经离开中国航空公司，在上海找到了一份工作，是效益不错的中纺公司管理局的科级干部，单位里给分了房子，而她的二姐一家和母亲也都到了上海，于是她决定回上海与亲人团聚，带着才五岁的儿子从广州飞回了上海。那时的行情是，从内地飞往广州和香港的军政官员以及富商大贾，拖儿带女，成群结队，而从广州往北飞的人很少，吴佩珠乘坐的飞机上只有两名乘客，就是她和儿子娘儿俩。他们到上海的第三天即1949年5月27日，上海解放了。

这段回上海的经历，原本简单，但在后来她被审查的漫长岁月中，不知被审问过多少次。人们总是不相信她是为了与家人相聚而回上海的，总是怀疑她有什么政治目的，好像她就不该想着与亲人团聚，就该想着当特务、当间谍似的。

突然间成了反革命

解放初，吴佩珠一家三口住在澳门路中纺公司的高级职员宿舍（是个约有上百户人家的高档小区，厂长和工程师均居此），丈夫在公司上班，孩子读中纺公司办的幼儿园和小学。不久街道里来家庭访问，说是计划把家庭妇女组织起来，问她要不要工作，她很高兴参加工作，于是与几个知识分子凑在一起，办了缝纫组、识字班和一个消费合作社的门市部，她们还把一个垃圾场改造成了一个篮球场，为居民提供健身场所。由于她热情高，干劲大，样样都带头，还被选为家属委员会主任。后来消费合作社改组，成为正式的经济公司，吴佩珠也就有了正式的工作。但是好景不长，50年代后期开始，各种政治运动开始了，社会生活中开始讲究个人历史和家庭出身了，她的麻烦就来了。

1957年"反右"开始时，领导多次要她为单位的黑板报写稿，以便配合运动，

第九章 >> 吴调卿的孙女吴佩珠

"引蛇出洞"。她遵照领导的指示,在稿件中说了真话,结果在后来的斗争中,被认为是向党进攻,于是被列入重点审查对象。吴佩珠想得很简单,自己是学生出身,没有继承祖上的遗产,过去零零星星地在几个外国驻华单位工作过,但都是办公室一般秘书,没干过坏事,所以组织上问什么就说什么。但是她万万没有想到,人们好像对她的秘书身份并没有什么深刻印象,倒是对于她所说的美领馆、军调处、李约瑟、联合国等印象特别深刻。审查的结果是,于1958年宣布被捕,作为反革命判刑七年,先是关在普陀区看守所一年半,然后转到松江和杭州,在杭州一家织绸厂劳动改造。当时她的丈夫被下放农村,儿子只有十二岁,只好托二姐吴靖代为抚养。

在杭州织绸厂当挡车工,织锦缎,三班倒,每天上工八个小时,要不停地来回走动,吴佩珠仗着从小体育活动练就的体格,倒也不怕。这期间还遇上了三年困难时期,吃不饱饭,但她常能收到母亲和兄弟姐妹寄来的包裹,里面有糖、油等营养食品,也就能对付着过了。织绸厂的劳改干部看她干活很卖力,人也老实不多说话,也都对她不错,除了每周要交一篇书面的思想汇报,并不怎么管她。

令她感到痛苦的倒是犯人之间的斗争。那个地方鱼龙混杂,政治犯和刑事犯关在一起,都住在一间很大的房子里,上下铺,低头不见抬头见。刑事犯中有流氓、小偷,也有杀人犯,她们自以为刑事犯比政治犯罪轻一等,不知出于何种心理,她们时不时地要欺负、捉弄、刺激一下政治犯,动不动就打小报告,造谣生事,而有的劳改干部又偏听偏信,令她精神上备受折磨。尤其看见吴佩珠家里有好吃的包裹寄来,流氓们醋意沸腾,更是变着法地攻击她。有一次,她们谎报吴佩珠把东西分给别人吃(这是违反监禁纪律的),结果下一个包裹寄来时,就被退回去了。吴佩珠的母亲看见包裹被退了回来,知道女儿在里面要吃苦了,伤心极了。

她唯一的儿子才十二岁，也因此受人欺负，在学校被人用脚踢，还骂他"反革命的儿子"。儿子不服气，在跟他爸爸去探视妈妈的时候就问："妈妈，他们说您是反革命，您是反革命吗？您怎么会是反革命呢？"听了此话，吴佩珠心里难过极了，十二岁的孩子无法理解复杂的人间万事，但她又怕儿子在外面闯祸，流着泪对他说："妈妈是的。"儿子失望极了，也哭了起来。后来儿子中学毕业了，但是由于家庭出身问题，未能上大学，在江西南昌的一家工厂里当了十五年汽车驾驶员，直到1979年他舅舅来华后，帮他办理赴美国留学和发展。此为后话。

劳改干部的政治水平也不是完全等同的，有的管理方法简单粗暴，有时竟把犯人关起门来打；有的则很有政策水准。吴佩珠所在的第二车间的一个副主任，是从部队转业的劳改干部，叫周焕诗。他了解过吴佩珠的案子，又看到她的表现，对她很同情。当他知道吴佩珠的丈夫提出跟她离婚时，就关照吴佩珠，千万不能同意离婚，只要你坚持不同意，这个婚就离不成，只要你不离婚，说明你上海有个家，等刑期满了就可以回上海。一离婚就说明你上海没家了，就永远回不去了。这给吴佩珠带来很大的安慰和底气。可是这个干部最后的结局却很惨，"文革"中被批斗，成了革命的对象，受尽侮辱，他对前途失望了，精神崩溃了，先打死了自己的老婆和孩子，然后开枪自杀，全家都死了。

❧ "山连山"：南湖农场的风雨岁月

吴佩珠刑满释放的时候，正是1966年"文革"爆发的时候，一切都乱了套。她明明上海有家，原本应当回上海，但她不仅没能回家，反而被发配到一个更远的地

第九章 >> 吴调卿的孙女吴佩珠

方,到安徽与浙江交界的一个劳改农场继续劳动。这个地方从现在的浙江省地图上看,叫南湖监狱。与原先的区别是,她不再是犯人了,而是刑满就业的场员,干活儿不白干了,每月有十八元工资,除了交六元钱伙食费,自己有点零花钱了。但是反革命分子的帽子并没有摘掉,政治上仍然受歧视,而且,劳动强度大大增强了,离家也更远了。

她被编在303队,坐落在一片荒山野岭之中,附近没有村庄,没有梯田,也没有竹林,举目全是荒山,山上没有树,只有野草。吴佩珠抗战中到过大西南,也没看见过这么多荒山,真的是"山连山"。全队几百号人日出而作,日落而息,扛着锄头铁锹,开荒种茶。没有报纸,没有广播,没有通信自由,除了"老三篇"之外没有任何书籍,像是生活在原始状态。

这个地方虽属于安吉县,可是离安吉县城很远,离得最近的一个村镇叫泗安,也要走上一个多小时,从泗安能乘长途汽车到杭州。从农村来的一些犯人都在抱怨:"从来没见过这么穷的地方","我们家乡算是穷地方了,可是山上总有树呵,树上总有些酸枣、野果什么的,这算什么鬼地方!"一个农村犯人的家属为了写信,曾问过她们的住址,但是没听清楚,把"303"听成了"山连山",结果地址写成:浙江安吉林场"山连山"队,居然也收到了,可见这个地方山多得出名,也说明当时的邮局神通广大。

吴佩珠就在这个地方苦熬了十四年,参与了这片荒山野岭变成一个茶林场的全过程。这期间什么怪事都碰到过,什么苦都吃过。有一年大旱,河里水干了,湖水也全干了,井里水也不多了,每人每天只发一碗水,连吃带喝带洗涮,就这么这一碗水。还有一段时间不知怎么搞的,说是大米没有了,主食变成一些淋过雨、发霉了的黑地瓜干,苦得很,根本无法下咽……她尽可能什么都忍受,万事都看淡,什么也不想,木然地干活儿,木然地生活,木然地受训,只想尽一切办法保住自己身体不要垮掉,只要身体不垮，过一天算一天，说不定还有熬出头的一天。就抱着这一丝可怜的信念，她一直坚持到1979年。那时已是面黄肌瘦，体重不足一百斤。

生活艰苦她是有思想准备的，可是还是有一些意想不到的政治事件发生。她印象最深的是一起"反动标语事件"。有一年冬天，队里的一面墙上出现了反动标语，一时大家很紧张，劳改干部逐个找谈话、审问，分析敌情。分析下来，他们认定是一个性格内向的政治犯干的。开始那人不承认，但经不住连番审讯的折磨，于是就承认了。但是一承认就罪加一等，关了禁闭室。可是奇怪了，过了几天又出现几条反动标语，笔迹与原先的一样。干部们明白了，那人是冤枉的，于是把那人放出来，又把另外两人关进去。然而又过了一段时间，反动标语像幽灵一样，又出现了！这样问题就很严重了，上级领导和劳改局也知道了此事，已经纸包不住火了，派了解放军前来（当时劳改局属于解放军"支左"部门）。

前来办案的解放军很有经验，说："这么简单的事情你们还不会办？"于是把全队每个人都找来当面写字，逐个查验笔迹。笔迹一查，立刻真相大白，作案者也不抵赖。但是无论谁也没想到，作案人竟是一个一向表现积极、常常打小报告、最最受干部们宠信的刑事犯！这个人在事实面前低下了头。问她作案动机时，她竟一下子大哭起来，愤愤不平地说："凭什么你们的女儿都吃得好、穿得暖，过好日子？凭什么我的女儿吃不上、穿不上，两脚都冻烂了……我气不过！"原来，当时正是春节前夕，山区已经飘雪，她的女儿来看她，浑身冻得瑟瑟发抖，她没有任何办法保护自己的女儿，心里很痛。过了几天队长的女儿来了，吃饱穿暖，养得白白胖胖，临走时队长叫她拉车送自己的女儿到泗安。她穿着草鞋在泥泞的雪地里跋涉了半天，又冷又饿，回来越想越气，无法发泄，竟写下"反标"来发泄……自然，她不会有好结果，

第九章 >> 吴调卿的孙女吴佩珠

刑事犯变成了政治犯,加刑十年!

林子大了什么鸟都有。有的劳改干部常年生活在山区,天高皇帝远,放松了思想,逐步腐化堕落,在大队人马出工的时候,就溜进女犯宿舍,强奸正在生病的犯人。犯人若不从,势必挨打。也有的犯人为了想早点出去,讨好干部,主动以姿色来勾引干部。

只有少数几个知识分子犯人与吴佩珠谈得来,其中一个是虔诚的天主教徒,比吴佩珠大几岁,是上海著名的天主教大家族朱家的后代,叫朱亚如,原先是教堂里的嬷嬷。她认为一切都是命,对于一切均以沉默和忍耐来对应。吴佩珠无形中受其影响,对一切逐渐也漠然视之,以此来保持内心的平衡。

吴佩珠天生头脑简单、记吃不记打,几十年过去了,农场里许多不堪之事都记不得了,但是她还是记住了一段"很快乐的日子"。这段所谓"很快乐的日子"居然是因盲肠炎住院得来的。南湖农场场部有医院,能够开盲肠,但是那时的理论是,人民医院是为人民治病的,不是为敌人治病的,病房不能给敌人住。但是吴佩珠说我是场员呀,我已经刑满了,自食其力了,应该属于人民了吧?可是医院还是犹犹豫豫的,后来采取了一个折中的办法,开刀给开,但是不能住在病房里,只能住在仓库里。于是就在一个药品仓库里,临时挪出点地方,给她用桌子拼了一张床,要她自带被褥、床单来。她做完手术还需要护理呀,医院也不愿给护理,就叫了一个犯人帮忙给她打饭,同时还起到监督她的作用。

住在一间大仓库里,吴佩珠一点儿也不害怕,还庆幸获得了没人监督的自由了呢。她对前来帮忙的那个犯人很好,把家里寄来的好吃的分一半给她吃,等她能下地活动了,就与之一起到场部门市部里去买烧饼、油条和小馄饨回来吃,两个人吃得津津有味,这些在"山连山"队是想都不敢想的。正好当时亲戚寄了点钱来,正是派用场的时

候。场部有个大操场,白天开会,晚上常常放露天电影,病人都可以去看,她们也搬了小凳子往场上一坐,反正天黑,谁也不管谁。看着她多年久违了的电影屏幕,不禁感慨万千起来。

十几天后,医生宣布她可以归队了,她才依依不舍地离开了医院。

难忘的一九七二:哥哥来信了

1972年,美国尼克松总统访华、开始破冰之旅之后,一位好心的队长对吴佩珠说:"你不是有哥哥在美国吗?现在可以写信联系了。尼克松总统来过了,在美国的华人慢慢都可以回来探亲了……"吴佩珠听了非常高兴,她已经多年没与哥哥吴敬学联系了,只知道哥哥是著名美籍华人实业家李国钦的女婿,是华昌贸易公司的负责人之一,但哥哥的具体地址并不知道。于是她写信给妈妈和姐姐,打听哥哥的地址。可是那时"文革"还没有结束,左的一套仍很盛行,她妈妈和姐姐怕她再惹祸,都不敢把吴敬学的地址告诉她。但是这时候吴佩珠胆子比她们大,认为这是队长告诉这样做的,应当是没有问题的。于是就写了个简单的地址,就写纽约华昌贸易公司吴敬学收,结果居然收到了,因为这家公司在纽约实在太有名了。

哥哥很快就回信了,吴佩珠高兴极了,队长也为她高兴。哥哥知道她因为曾在美国人的机构里工作而身陷囹圄,非常难过,决定来帮助她。首先要改变她的生活困境,就按月寄钱。他听说大陆一个人月生活费五十美元就够了,于是按月寄来五十美金,这可解决了吴佩珠的大问题,因为那时她每月工资才十八元,上海一般职工的工资也只有三十六元,当时国家缺少外汇,希望华侨大量汇款,这样一来,吴佩珠成了队里最有钱的人，一夜之间成了明星，一些过去欺负过她的人再也不敢欺负她了，反而回过头来拍她马屁。大大小小的干部们对她也改变了态度，人们预感到，她的案子最终肯定要翻过来的，只是时间问题。

接下来，吴敬学就为营救妹妹离开那鬼地方开始不懈努力。朋友们告诉他，他可以给那个劳改农场的领导写信，证明妹妹是无辜的，提出要求落实政策，安排她回家。但是朋友还提醒他，作为一个普通的海外商人，写信是没有用的，必须成为一个高级统战对象

吴佩珠的哥哥吴敬学夫妇

了，说话才管用。于是吴敬学就从做生意入手，先开展与大陆的贸易往来，力图扩大影响力，然后再提要求。果然几年后，吴敬学与江西某地的生意合作很成功，华昌贸易公司在国内的影响渐渐扩大了，说话管用了，正好这时"四人帮"也倒台了，在吴敬学的努力干涉下，吴佩珠终于获得释放回家，离开了"山连山"，回到了上海的亲人身边。回到上海后又申请平反，终于获得了平反，补发了工资，同时补上了二十一年工龄。

1978年，当平反通知书发到她手上时，一位干部非常感慨地对她说："李约瑟是中国人民的朋友，当初办你案子的人根本没有常识！"可是此话来得太晚了，吴佩珠已经吃了21年苦头了！初回上海的吴佩珠又黑又瘦，全身是病，刚过六十岁，已经像个老人了，但是她意志很坚强，为自己能熬到平反的这一天而深感庆幸，而跟她很要好的几个难友，没能熬到这一天，已经死在劳改农场了。

1980年，蔡文治、吴佩琪夫妇回国访问，受到叶剑英和其他中央领导同志的亲切接见。这期间，他们把国内凡是能找到的亲戚朋友都叫来北京团聚，吴佩珠也参加了这次难得的家族大团聚，她又回到了大家族中，又回到了正常的社会生活中。这时她已经六十一岁了，她决心一切从头开始，开始一个新的生命。

幸福晚年：七十四岁黄昏恋

1983年，六十四岁的吴佩珠在哥哥和妹妹的帮助下来到美国。在这之前，她儿子一家已经在她哥哥的帮助下来到美国读书和工作。1990年，她丈夫也到美国了。可是她自从1958年被捕以后一直与丈夫分居，至此已有三十二年，中间还经历了感情上的风风雨雨，现在大家都到了美国，政治上、生活上的障碍都没有了，但是双方感情也没有了，于是吴佩珠同意了丈夫离婚的要求。

吴佩珠凭自身的优势，到美国两个月后就找到了工作，当一个八十多岁百万富婆的"陪伴"，为其读报纸，陪其说话聊天、吃饭。老太太是大学文化程度，对"伴读"的要求非同一般，生活上是英国派头，非常讲究，但是这些对吴佩珠来说都不成问题，因为她们吴家原本也是英国生活习惯，喝午茶，吃英国鹰派炼乳，她祖父是英国汇丰银行买办嘛，想不到家庭生活方面的积累，大半辈子没用，晚年来到美国倒派上用场。老太太对她很好，主动为她交税，使她加入了美国籍。这个老太太九十五岁去世后，她又被一位犹太老太太请去，一直工作到七十四岁。

1991年对吴佩珠来说是个至关重要的年龄，这一年，经朋友热心介绍，她终于找到了相互非常投缘的"另一半"。老伴儿胡维廉是位化学工程师，从事中美之间的

第九章 >> 吴调卿的孙女吴佩珠

染料进出口贸易，不仅性格脾气非常好，人也长得很帅气，也是从上海赴美的，几个孩子都是工程技术人才，各自都早已成家立业。经过两三年的黄昏恋，渐渐建立了感情。1994年，他们在纽约市政府登记结婚，市长先生高兴地为他们主婚。这时，她已经在美国工作了十一年，每月可以领取养老金了。

初到美国的吴佩珠

很快，他们在上海买了房子，买了电脑，双双回到上海安度晚年。她的儿子时常来越洋电话关照起居一切，老伴儿的儿子逢节假日常会开车来接她们去饭店聚餐，日常生活由一个小保姆照顾。她每天上午在小区里锻炼身体，打一个小时太极拳，九十一岁了，身体挺硬朗，看上去就像八十岁。平时老俩口一人一台电脑，各自玩自己喜欢的节目。每周约朋友来家打两次麻将，生活像冲出三峡的小船，驶入了平静、宽阔、阳光的江面。

吴佩珠，胡维廉在美国结婚.

吴佩珠与美国老太太

回忆往事，她常常感慨地说，现在这日子，真是过去做梦也想不到的，真是叫苦尽甜来啊！

第十章 状元之后王汉伦

- 苏州旗杆彭的六世孙
- 封建大家庭的反叛者
- 一不留神成了电影明星
- 令人郁闷的南洋之行
- 把长城画片公司告上法庭
- 汉伦影片公司与《盲目的爱情》
- 老演员碰上了新问题

苏州旗杆彭的六世孙

少女王汉伦

中国第一位电影女明星王汉伦,原先名叫彭剑青(1903-1978)。这个名字乍听不像大家闺秀,倒有点古剑豪侠、江湖英雄的意味,其实这与她的个性和传奇生涯很相似。

彭家是苏州状元之家,而且是双份的状元,在清朝康熙和雍正年间出了祖孙两代状元,苏州十全街上规模宏大的南畇草堂,就是彭家的老宅。南畇草堂俗称彭状元府,内有兰陔堂、环荫室、含清阁、幔仙阁、延绿轩……亭台楼阁,移步换景,正堂上还高悬一块乾隆亲笔的匾额,自是气象不凡。所以彭家在当地就获有一种特权,可以在自家大门口竖旗杆升旗(一般人家绝对不可以),因而当地百姓又称之为旗杆彭。

彭剑青父亲彭名保的高祖父彭启丰(1701-1784,字翰文,号芝庭,别号香山老人)是雍正五年的状元,初任翰林院修撰,又当过各地乡试(考举人)的主考官,主持过云南、河南、山东、江西、浙江等省的乡试,是个著名的文官,因此民间又有"无彭不开榜"的说法。他后来还管过军事,官至兵部尚书(国防部长),可见是个文武全能的干才。从他的年谱《历年纪略》中可以看出,他很得皇帝的宠信,长期随侍在雍正、乾隆两代皇帝身边,年谱中对帝王的活动诸如召见、谕语等记录甚详,可想他家南畇草堂中的皇帝御笔,不大会是假冒产品。

彭启丰的祖父彭定球(1645-1719,字勤止,号南畇老人)是康熙十五年的状

第十章 >> 状元之后王汉伦

生活中的王汉伦

元,也是翰林院修撰,在国子监(皇家最高学府)当过侍讲,还曾奉旨赴扬州出任《全唐诗》的校刊官。彭家的南畇草堂府邸最初就是他的创意。

彭家自从出了两代状元,读书做官、光宗耀祖成了治家的宗旨,后代中因科举获取功名的人着实不少。彭剑青的父亲彭名保在家族中算不上出名的人物,也当上了安徽无为州的知州,辛亥革命前后还当过招商局安徽分局的督办。

这样一个世代为宦的封建大家庭,各种规矩和章法就泛滥成灾了,儿女婚嫁也有了基本的"方向"。彭剑青的大哥娶苏州潘祖荫家族的小姐为妻;大姐嫁江西官宦人家桂次文;二姐彭绣冰嫁给李鸿章的侄孙李国模(李蕴章的孙子)。彭剑青是家里最小的孩子,其父去世时她才十六岁,上面有四个兄长和两个姐姐,她比二姐小二十岁。她出生在彭状元府的重重深院里,从小长得机灵、秀气,一双大眼睛特别明亮,脑袋瓜儿很灵

中国第一个电影女明星王汉伦

活，学什么都一学就会。

按说她最小，又聪明伶俐，在家族中应当是最受宠的，可惜情况恰恰相反，她常常被人看不起，原因是她的母亲并非"正宫"，而是侧室，人们至今也讲不清她母亲的具体情况。在封建大家庭里，这可是"命"中注定的"硬伤"。因此，她们母女的地位就无法与大太太及其子女相比，什么事情都要矮人三分，在大家族有重要典礼时，她们甚至不能登大雅之堂……

不知是不是这种与生俱来的尴尬境遇，为她的性格注入了反抗的基因？

封建大家庭的反叛者

无论怎么说，彭剑青的父亲还活着的时候，她的生活起码是衣食无虞的，而且受到了良好的教育。她进入了上海圣玛利亚女校读书（就是张爱玲读过的学校），那是所教会办的住读学校，校规很严，一个月才能回家一次。彭剑青显得有些孤僻，有时可以连续几天不跟别人讲话。但是洋学堂的教育，使她打下了扎实的英语基础，同时通过读文学作品，也开始接触了西方开放的思想观念。

在她十六岁的时候，她的父亲去世了，当时正是五四新文化运动如火如荼的时候。彭剑青却由兄嫂决定，中止了她在圣玛利亚女中的学业，立即嫁人，而且把她远嫁给东北本溪煤矿的一个姓张的商人。在东北，她生活很不习惯，而且婚后不久她就发现，丈夫跟一个日本女人鬼混。她精神上很受刺激，质问丈夫："你已经是有了妻室的人了，怎么还胡搞？"丈夫瞪起眼睛教训她说："有钱人家三妻四妾是常有的事，我的事你少管！"后来她丈夫到上海的日本大昌洋行当买办，她随之重返上海。

回到上海的日子也不好过，在哥哥嫂子眼里，她原本就是多余的，现在已经是嫁出去的人，如泼出去的水，根本不来关心她，丈夫稍不顺心就要打她。当她得知丈夫在帮日本人做地皮买

青年王汉伦

卖时，曾劝他不要干这种事，那是卖国行为。丈夫火了，又打她。她受不了这个气，愤然提出离婚，结束了这桩短暂的婚姻，回到彭家。谁知兄嫂不仅对她毫不同情，反而大为不满，不停地数落。她明白了，自己在彭家早就是个多余的人，只好退了出来，去找她的干妈。好在干妈收留了她，但是她不能在干妈家白吃饭，必须外出挣钱。

她先是去虹口一所小学教书，但那年头教师收入太少，不够开销，就又去学英文打字。她人很聪明，一学就会，后来凭一手打字的功夫，进入一家洋行当打字员。过了不久，一个偶然的机会使她进入了明星影片公司，当上了一名电影演员，每月有二十元的车马费，片子拍完后还有五百元片酬，这下彭剑青可以自食其力了，高兴极了，自以为不必看别人的白眼了。

她怀着得意的神情把她这个新职业告诉了兄嫂，想不到并没有引起兄嫂的兴趣，反而令他们更加气急败坏起来。她嫂子劈头骂道："我们彭家是状元之家，戏子来家高板凳都不许坐的，如今你去当戏子，真丢尽祖宗的脸了！"当哥哥的更是破口大骂，说要把她弄到苏州彭家祠堂里去，接受家规的惩罚。彭剑青一听火气也上来了，多年的积怨一下子爆发出来："既然我不合你们彭家的家法，那我不做你们彭家人就是了！我们脱离关系好了！我们从此一刀两断！"这时她突然想到了山中称大王的老虎，因为老虎是天不怕地不怕的，自己就要像老虎一样无所畏惧、勇往直前才行。她眼前出现了老虎头上那个"王"字……脱口而出："我今后不姓彭了，我就姓王了！我再也不受你们管了！"甩门而出。

从此彭剑青改名为王汉伦。汉伦是英国女孩名HELUN的汉译。后来她成名了，一夜红遍上海滩，可是她娘家的人仍没有为她感到高兴，还是看不起她，因为他们的封建意识已经根深蒂固，对电影明星一律以"戏子"论之。除了她的二姐彭秀冰有时还跟她通通音讯，其他人都与她断绝了关系。有一年她在南京出席一次很体面的宴会，想不到她的一个哥哥也在场。场面上不好翻脸，她哥哥叫她王小姐，她叫她哥哥彭大爷，彼此还是谁也不认谁。

❥ 一不留神成了电影明星

王汉伦住的地方隔壁是个姓孙的人家，女儿跟王汉伦要好，王汉伦有空时常过去玩。孙家小姐的朋友中有个叫任矜苹的，在电影公司工作，也常到孙家来。有一天王汉伦与任矜苹在孙家偶然相遇，任矜苹一眼就看出王汉伦与众不同，说她像个大

第十章 >> 状元之后王汉伦

户人家的少奶奶,并说老板张石川正在寻觅这样一位演员呢。原来任矜苹是电影圈里的人,是明星影片公司的股东,当时明星影片公司刚成立不久,正准备大张旗鼓地作为一番。任矜苹觉得王汉伦模样长得好,谈吐优雅,人很聪明,说不定是个演电影的材料,于是鼓动她到老板那里试一试。那时王汉伦连电影还没看过呢,更不知道拍电影是怎么一回事,但经不住朋友们的再三怂恿,便跟着任矜苹去了。

王汉伦在《孤儿救祖记》剧中

　　那时的明星影片公司还处在亭子间阶段,摄影棚也没有,拍戏都是到乡下的空地上搭布景。经理兼导演张石川正在筹拍郑正秋编写的家庭伦理片《孤儿救祖记》,的确在四处物色演员,尤其是主角,不仅要有点苦相,更要具备大家闺秀的气质,言谈举止要符合封建大家庭的规范。王汉伦过去虽然没看过电影,但是戏还是看了不少的,因为家族里一旦有什么喜庆之事,常常在自家院子里办堂会,剧中人精彩的表演给她留下了深刻印象。张石川把她带到乡下试镜头,叫她在镜头前做各种喜怒哀乐的表情,她心态很放松,全当是来玩玩的,做就做。谁知每做一个表情,导演就叫好。半天试下来,把张石川高兴得不得了,于是一次通过,立马签订合同,请她担任《孤儿救祖记》中的主角余蔚如,月费二十元,片酬五百元。

剧照，左一王汉伦

《盲目的爱情》剧照，右一王汉伦

第十章 状元之后王汉伦

《孤儿救祖记》是明星影片公司的第一部长故事片，也是导演张石川和编剧郑正秋合作的第一部长故事片。主要剧情是：一个富翁的儿子骑马游玩，不慎摔死了，留下了有孕在身的妻子余蔚如。失去儿子的富翁将侄子立嗣为儿子。那侄子品性恶劣，想独霸家产，就向富翁进谗，说余蔚如行为不规。富翁一怒之下，将媳妇驱逐出门。余蔚如在外生下了儿子余璞，含辛茹苦，将其抚养成人，而富翁的侄子为了霸占家产竟蓄谋杀害富翁。在一个偶然的情况下，侄子的阴谋被孤儿余璞发现了，奋力营救了富翁，于是真相大白，不仅祖孙骨肉相聚，被驱逐出门的媳妇余蔚如也获得了"平反"……这是个苦戏，也是个大团圆结局的伦理教育片。

戏马上要开拍了，可是王汉伦还不知该怎么拍呢！她去请教导演，张石川对她说："你要假戏真做，化身为戏中人，忘记自己！"王汉伦觉得有道理，在读剧本的时候，就把自己当成那个受了冤枉的孕妇，想象眼下丈夫死了，公公不要自己了，不仅自己前景茫茫，生活无着，肚子里的孩子生下来更不知怎么养活……几年前，自己还是父母跟前的千金小姐，荣华富贵，想不到竟落到了这步田地……想着想着，眼泪就下来了。上镜头后导演非常满意，拍摄很顺利。

但是偶尔也有"火候"不到位的时候，王汉伦不想留下遗憾，总想把"火候"补上去，但很费劲。这时候，张石川便在她面前蹲了下来，对她说："喏！你的丈夫、最亲的人死了，你唯一的爱人死了，突然死了，可是你处在一个古老的封建家庭里，礼教是无情的。你年纪轻轻，可是不能再嫁人了，这漫长的苦日子，你怎么过呀……"王汉伦听着听着，被他说得伤心地哭了，后来越来越伤心，竟嚎啕大哭起来，像真的死了丈夫似的。

还有一段是余蔚如背着儿子跑出去的戏，她不愿被公公撞见，但是发现公公追上来了，有一个"惊恐"地回头的特写镜头。王汉伦反复做了，但导演说不够，叫她重新来过。她回到原先的位子上,张石川对她说:"跑!",她急忙跑起来了。忽听有人大喊一声:"他追来了!"她猛一回头,惊呆了,愣在那里,于是特写镜头就拍好了。她正愣着,导演又喊"还不快跑!"她一下子又清醒过来,拔腿就跑,心中一紧张,便跌倒在了摄影机前。她那一跤摔得不轻,导演却很满意。

《孤儿救祖记》公映后大为轰动,好评如潮,王汉伦的成功表演给观众留下了深刻的印象,成了中国第一个女明星。明星公司也因之大赚其钱,摄影棚也建起来了,炭精照明灯也添置了,办公室也从亭子间搬入了洋房。而王汉伦仍旧每月二十元车马费,还是他们的基本演员。

那年她刚刚二十岁。

令人郁闷的南洋之行

王汉伦与明星影片公司签订了两年合同,拍完《孤儿救祖记》接下来就拍《玉梨魂》。这部戏也是张石川与郑正秋搭档,张导演,郑编剧,是根据徐枕亚的同名小说改编的,但跟原作已经有很大不同,突出了反封建礼教的主题,悲剧色彩仍很浓。

王汉伦在剧中扮演一个孀居的小寡妇玉娘,守着一个儿子过日子。公公是个旧礼教的代表人物,请了一个家庭教师来家教孙子读书。日子久了,家庭教师爱上了玉娘,玉娘也暗暗地爱上了家庭教师……在当时的社会条件下,这样的爱情其结果注定是悲剧性的,最后玉娘郁闷而亡。王汉伦由于自身的感情创伤和坎坷经历,对悲剧题材能把握得很好,把主人公十分敏感、细腻的感情,表现得很自然。这部电影上映后又是一阵轰动,明星影片公司自然又大赚了一笔,公司添置了水银灯,老板们都坐上了小轿车，而王汉伦依旧住她的亭子间。

1924年春天，王汉伦在明星公司接连又拍了两部片子：《苦儿弱女》和《一个小工人》。拍完《一个小工人》之后，天一影片公司的邵醉翁就来挖她，请她加盟《电影女明星》。这部电影是电影女明星来演《电影女明星》，跟她配戏的是蝴蝶和吴素馨，都是当红的女影星。片子拍完后，天一老板请她随片到南洋去登台与观众见面，兼表演昆曲节目。因为她主演的片子在南洋一带很卖座，尤其南洋的华侨都非常喜欢她的戏。可是不知为什么，在南洋遇到的情况却大大出乎她的意料。

到南洋后，她发现昆剧班底很不整齐，实在无法演出，就提出仅仅跟观众见见面，昆曲就不想演了。但是人家不依，甚至有人威胁她，她不得已还是上了台。但是观众是不饶人的，见乐器伴奏与她的节奏协调不上，台下一阵大哗，她从影以来还从来没有这么窘迫过。同时，还有人利用她的名义胡作非为，她在新加坡偶然买到一张报纸，上面竟然登着：要见王汉伦，需交五十元介绍费，落款竟是"王汉伦办事处"。还有人莫名其妙地要为她做媒，一问才知道，原来是想把她卖给一个已经有了十三房姨太太的老头子。再后来，她发现她的私人信件被人偷拆了……她气急了，忍无可忍，取消了合同。在南洋八个月，没有一天是愉快的。

于是她深深感到，女人要成功一件事情实在是太难了，一个单身女人更是难上加难，尽管电影可以卖座，但个人境遇还是到处受欺骗和压迫。

把长城画片公司告上法庭

离开天一影片公司后王汉伦进了长城画片公司，拍了《弃妇》、《春闺梦里人》、

《摘星之女》三部片子。

她最喜欢《弃妇》这个戏,因为戏中主人公的身世跟她本人的经历很相似,她非常理解主人公所作的一切。主人公是一家豪门望族的媳妇,丈夫在外面又爱上了一个浪漫女郎,回家伙同其母把媳妇赶出了家门。媳妇带着一个丫头走上社会自己谋生,历尽坎坷,做过许多工作,后来到一家书局当职员,却又遭到经理的调戏和侮辱……最后这个弃妇觉悟了,毅然参加了女权运动,当了女子参政会的会长,干了不少事业,谁知老羞成怒的丈夫勾结流氓来破坏女权运动,诬赖弃妇是逃妇,并告发弃妇是异党分子……

这部电影是长城画片公司的创业之作,由于王汉伦的主演,一炮打响,公映后自是相当轰动。还因为这部电影是部"问题剧",反映了女性职业问题这一当时的敏感话题,因此受到了社会广泛的关注。

问题是王汉伦辛辛苦苦为长城画片公司拍戏,长城公司并没有按合同支付片酬。当初长城公司要把她挖去的时候,讲好月薪两百元,片子拍成后支付片酬一千元。可是事到临头却变了卦,不给她酬金,并叫她接拍第二部电影。结果第二部、第三部电影拍完后,长城公司却说没有酬金了。这令王汉伦极为生气,决定要向法庭讨个公道,于是把长城画片公司告上法庭。

这场官司王汉伦打赢了,法庭宣判,长城公司应遵照原定的合同付酬。可是当王汉伦拿了长城公司的支票去银行取钱的时候,银行告诉她这是一张空头支票,长城公司早就没有钱存这里了。自然,这又是一场骗局。

汉伦影片公司与《盲目的爱情》

面对各种挫折和打击,王汉伦没有退却,虽然孤身一人,仍然在电影圈里勇敢地拼搏。她不屑于依靠哪个大老板,更不屑于当什么人的姨太太或是情妇,始终认为自己是个独立的新女性。

她从长城画片公司出来,正好老朋友任矜苹在为自己的电影公司——新人影片公司招兵买马。他对王汉伦说:"汉伦呀!如今你是大明星了,当初还是我介绍你拍电影的呢!现在我办公司了,你要帮帮我的忙呀!"毕竟是老朋友,王汉伦不好意思推辞,就答应了。她在新人影片公司拍了一部《空门贤媳》(1926年),就是在那部电影里,她对着镜头真的剪去了自己的长发。那段时间里,她还被张伟涛请去拍戏。张伟涛是张石川的三弟,也是明星草创时代的老朋友,不好意思推辞,就去拍了部《好寡妇》,从此她在影坛上得了个"小寡妇"的名声,因为她的寡妇戏总是那么出色。

但是在这段时间拍的电影,大多都没有获得片酬,王汉伦的生活入不敷出,长期下去总不是回事。况且,眼看着老板们都靠她主演的电影发了财,洋房、汽车都有了,有的还三妻四妾的,而她自己的生活依旧清苦,她很不平衡,很不服气,于是决心自己另起炉灶,自己成立个电影公司,自己主演电影,也算挑战一下自己的极限。于是,汉伦影片公司成立了。那是正值包天笑新写了一个剧本叫《盲目的爱情》(又名《女伶复仇记》),王汉伦读了很感动,觉得主人公的作为很符合自己的心性,自己有把握演好戏中主角,就把剧本买了下来,自己组织班子拍摄。摄影棚和设备都是借民新公司的,请卜万苍当导演。

《盲目的爱情》是一部爱情悲剧——两个大学同学俞汝南和尤温同时爱上了女伶王

幽兰，但王幽兰只爱汝南，不爱尤温。于是尤温憎恨汝南，竟去殴打汝南，把他的眼睛打坏了，汝南从此双目失明。王幽兰决心为男友报仇，但不幸事败，反而被关入土牢。若干年后当王幽兰来到俞汝南面前时，双目失明的汝南，用手抚摸着又老又瘦的幽兰的脸庞，不相信这就是他日思夜想的情人……王幽兰悲痛欲绝，持刀自尽。

王汉伦在拍摄过程中对导演卜万苍不甚满意，她后来在回忆中写道："卜万苍喜欢去跑马厅买马票，时常误了拍戏。有时他上了瘾头就不到场里来了。最后还是我花了八百元钱买下了分镜头，买了一部手摇的小放映机，一个人在家里放一点接一点，搞了四十多天才成功。"

《盲目的爱情》拍成后，王汉伦带着她的新片到各地巡回放映，先后到了苏州、常熟、无锡、宁波、杭州、青岛、济南、天津、北京、沈阳、长春、哈尔滨、大连。所到之处，无不盛况空前。在放映休息的时候，她就出现在台上与观众见面，受到观众的热情赞扬。这部片子的成功让她长长地吐了一口气，不仅实现了她独立拍摄和经营电影的理想，而且经济效益也出奇地好，在各地卖掉了不少拷贝。回到上海后，还有很多地方甚至国外的片商都来定购这部片子，使她经济上也获得大翻身。所赚的这些钱，就成了她息影后的生活费。

老演员碰上了新问题

基于种种考虑，王汉伦在1930年告别了影坛，在淮海路石门路路口的一座公寓的三楼，开设了一家汉伦美容院，成为我国最早研究美容术并经营美容业的女性之一。但是好景不长，日本鬼子打进来之后，日本人叫她到大中华广播电台为他们作宣传，王汉伦称病不出，结果非但电影不能演了，美容院也开不成了，只好坐吃山空。这种局面一直维持到1949年全国解放，那时她已经很潦倒了。

解放后，王汉伦重新回到电影圈里来，上海市妇联和文联动员她加入了上海剧影协会。1950年昆仑影片公司拍摄《武训传》时，导演孙瑜请她在戏中客串慈禧太后一角。虽然戏不多，只有十句对白，而她仍旧十分认真地完成了任务。可惜这部电影后来却遭到了批判，令她很不理解。

1954年她加入了上海电影演员剧团，有了在国营单位的体面职业，有了薪金，她的生活和医疗都有了保障，令她感到非常安慰。新的生活使她又恢复了艺术青春，她决心为新中国的电影事业作出自己的贡献。但是不久她却发现，自己突然不会演戏了。这也难怪，过去她演的不是大家闺秀就是豪门媳妇，她对那个阶层的生活和人物非常熟悉，而且大多是苦戏、悲剧，其中很多情节又都有她本人生活的影子，加上她天赋很高，演起来十分自如。解放后的电影要反映工农兵

汉伦美容店当年就设在此楼的二楼

汉伦美容店里的艺术品橱柜

中年王汉伦

了,环境变了,主旋律变了,生活的内容和节奏都变了,她对新社会工农兵的生活和气质缺乏了解,举手投足总脱不了过去的豪门架势,所以感觉力不从心了。仅仅在《鲁班的传说》和《热浪奔腾》中担任过配角,再没有担纲过重要的角色。尽管如此,1960年全国第三届文代会在北京召开时,有关部门还是邀请了她和宣景琳、范雪朋等几位老影星与会,还在中南海受到了党和国家领导人的接见。

有意思的是,60年代初,她的哥哥又跟她恢复联系了。这一方面是因为解放后大家思想观念转变了,演员地位提高了,成为受国家和人民尊重的艺术家;另一方面还因为三年困难时期的"肚子问题"。那时候大家都吃不饱,吃饭要粮票,每月的口粮有定量,粮票都非常紧张,而王汉伦是大明星,大艺术家,在文艺界地位很高,可以自由出入文化俱乐部和政协的小餐厅里,在那里吃饭是不要粮票的——这在那个饥饿的年代,是一个巨大的诱惑。王汉伦的外甥李家震(她二姐彭绣冰的儿子)那时年轻气盛,跟姨妈去文化俱乐部吃饭,空口(不用就菜)可以连吃五碗米饭,可见肚子里油水实在不多。王汉伦的哥哥受到启发,也加入了前去吃饭的队伍。尽管如此,这对渐入晚境的王汉伦来说,精神上总是个安慰。

第十章 >> 状元之后王汉伦

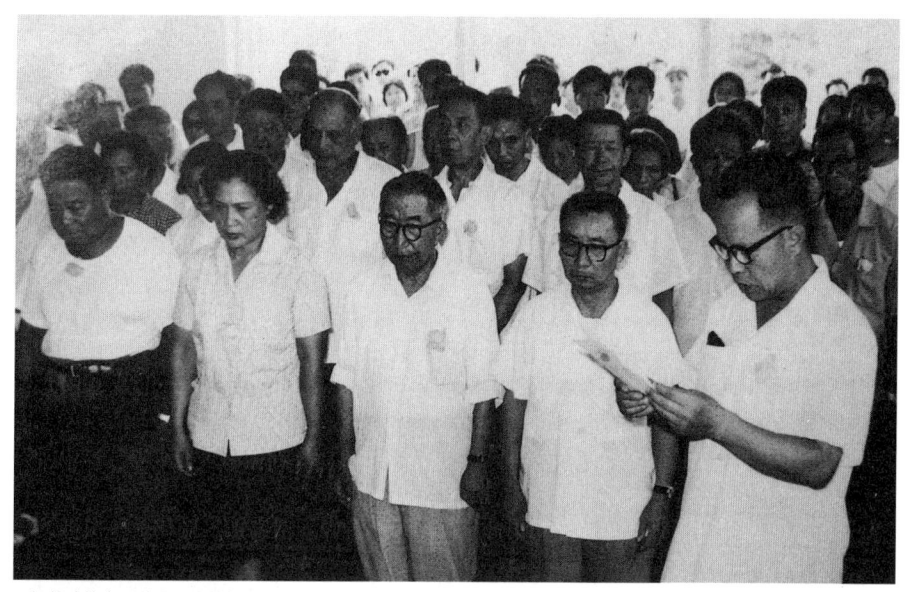

王汉伦追悼会，前左二秦怡

　　王汉伦，这个中国影坛的第一个女影星，在1978年8月走完了生命的最后一程。电影文化界百余位朋友到龙华殡仪馆为她送行。她没有后代，是她的外甥李家震为她办理了后事，并在追悼会上介绍了她不平凡的一生，最后把她安葬在家乡苏州的青春公墓。

　　数十年后，国内文化界隆重纪念中国电影一百年时，人们又想到了王汉伦。在报界刊出的百年优秀电影明星评选时，王汉伦仍旧是名列前茅。

漫话海派名媛精神

在寻访上海滩名门闺秀的足迹时，有两个地方令我非常震惊，至今不能释怀。一个是五原路靠近常熟路的一家小烟纸店，那原是一栋小楼的汽车间，五十年前被用来住人，住的竟是盛宣怀的七小姐盛爱颐。她在一场特殊的灾难中，被迫从花园洋房迁到了这里，在这里一住就是二十多年，直至去世。另一处是淮海中路一栋大楼的楼梯间，那原是大楼的管理部门堆放杂物的地方，只有七个平方米，严格来说只有四平方米，因为顶上的楼梯有个大斜坡，斜坡下面的空间是无法站人的。这个楼梯间在十年浩劫中也被用来住人，来者是严筱舫的孙女严莲韵，也是被迫从花园洋房中搬出，来到这个原本不该住人的旮旯。

盛宣怀家族和严筱舫家族都是上海滩一流的豪门望族，两家的老太爷都是李鸿章大办洋务时的得力干将，当年在上海滩都拥有庞大的家园，小姐们过着席丰履厚，衣食无忧的生活。然而历史的潮流有时就像海啸时的狂涛，万丈琼楼就像《红楼梦》中说的"忽喇喇似大厦倾……"，金山银山转眼间化为乌有，琼楼玉宇顷刻间变成了汽车间或楼梯间……何况还要接受无休止的批斗。这段历史，数十年之后回望，仍令人不胜浩叹！

但是，上海的名媛不都是娇滴滴只会发嗲的无能之辈，关于这一点，社会上对她们甚少了解。盛家和严家的这两位千金小姐，最终都以现代超人的心态度过了苦难岁月，一个活到九十岁，一个活到一百岁。当年凡是前去看望严莲韵的亲友，没有不为她伤心落泪的，但是她反过来还要安慰人家，说是这里虽然朝西，夏天很热，但是冬天暖和；没有煤气灶只好生煤油炉，她说煤油炉也有点好处，夏天蚊子没有了……盛爱颐任何时候都是一身干干净净，头发一丝不乱，即便穿粗布衣服也是整整齐齐的，做派大大方方。她一旦收到海外亲友的接济，就会把在沪的穷亲戚招呼来一起吃饭，大家"穷开心"一场。在有雪茄烟抽的时候，她会拖一个小凳子坐到门口来，从烟雾里"透视"五原路上熙熙攘攘的过往人群，那时五原路还是一条马路菜场。她常说："人说'富不过三代'，而盛家，已经富了四代。'三十年河东，三十年河西'，眼前的一切都会过去的。"总之，即便在那极端令人不堪的岁月里，她们仍保持了人的尊严。

上海滩老派人爱用"上得厅堂，下得厨房"来评价名门闺秀，其实，她们在那些特殊的年头，岂止是下得厨房，简直与下地狱无异。之所以能在大风大浪、大灾大难中保持镇静与超脱，大概与她们所受的教育有关。

她们都是上海滩知名度相当高的名门闺秀，在家族里既受过传统的中国文化熏陶，也在上海这个西风东渐，五方杂处的开放口岸，受到过良好的现代文化的教育，有的还接受了西方教会学校的教育。她们绝大多数都在名校如中西女中、圣玛丽亚女中、金陵女大毕业，英文程度相当不错，所以当初在那个以男性为社会活动主体的社会里，她们敢于走出大宅门，积极参与各种社会活动，包括一些涉外的社会交往，视野非常开阔。盛七小姐盛爱颐，还是中国第一代女权主义者，她率先在女性的遗产继承权问题上向传统势力宣战，成功地打赢了中国第一场女权官司，开了女性有权继承上辈遗产的先河而名扬天下。严莲韵于金陵女大毕业后的第一份职业，竟是去安徽怀远的一个穷困山村当女教师，一去就是三年，直到病重才返回，后来在上海出任女青年会会长多年。

可知她们的胆量与眼界，绝非一般小家碧玉或什么什么明星所能比肩。

如此看来，名媛们"上得厅堂"还是相对容易做到的，好日子谁不会过呢？尽管"厅堂"上的礼貌礼仪并非容易学会，并非人人能学得到位，其中人的气质是第一位的，不是雕虫小技能够打发。但是"下得厨房"就需要勇气了。而要能"下得地狱"，就需要更高的智慧和品位。

谁能保证一个人一生一世不遇到灾难呢？有时候表面大富大贵，内质里哀莫大也。盛爱颐、严莲韵以及很多曾经在特殊年代"下过地狱"的名门闺秀，她们气质高雅，知识广博，风度卓尔不群，有很多令人艳羡之处，但是最可贵的一点，还是在灾难面前的镇静和从容。某种程度上，她们也是上海女性的杰出代表，是百年上海滩不可多得、不可复制、不可再生的一道精彩华章，尽管多年来，她们一再地被曲解。从她们身上，人们或许还能体味到，百年上海滩多元生活的无限魅力。

盛谢诸位前辈和朋友对我的帮助和指导，她们是：吴靖、周素琼、严仁美、周稚芙、徐文绮、袁迪新、席与明、席与昭、席与时、吴佩珠、朱章绣、刘德曾、任永恭、聂小琦、周退密、施蓓芳、庄元贞、彭蔚宜、李家庞、盛承志、盛承宪、徐景灿、钱家成、李国光、区丽珍、李家震、潘家震、朱曾浒、刘兆元、周麒、刘鏊龄、唐无忌、陈平、刘作安、费莹如、王圣思、赵荔等。

上海滩名门闺秀是海派女性文化的一个重要内容，愿继续得到行家里手的帮助和指导，以及广大读者朋友的支持和厚爱。

宋路霞